トラウマと共に生きる

性暴力サバイバーと夫たち＋回復の最前線

森田ゆり［編著］

築地書館

はじめに

『沈黙をやぶって』(築地書館、一九九二年)は性暴力被害を受けた日本の女性たちの声を集めた最初の本でした。三〇年前の一九九〇年に「当事者の声こそが社会を変える力を持っている。あなたの声を」と新聞記事を通して呼びかけたところ、「私も」「私にも起きました」「Me Too」とご自身の性被害体験を語る手紙が次々ととどまることなく届き、私たちを驚かせました。

Me Too 運動は日本でも三〇年前に始まっていたのです。

『沈黙をやぶって』で二二人の日本の性暴力サバイバーたちは、それぞれの恐怖や苦悩体験を語ることで性暴力のしじまをやぶりました。

同書で、私は問題の歴史的社会的背景、性暴力問題への対応の基本姿勢、問題の虚像と実態、予防の具体的方法について論じ、次のように呼びかけました。

「人生のネガティブな汚点でしかなかったその体験は、それを語り、意識化しようとするプロセスの中で、その人の強さの拠りどころとなり、その人の存在の核ともなります。語りはじめること、いまだ存在しない言葉を捜しながら、たどたどしくとも語りはじめること。語ることで出会いが生まれ、自分の輝きを信じたい人たちのいのちに連なるネットワークができていくでしょう。

ひとたび沈黙をやぶったその声を大きく広く、日本社会のいたるところに響き渡らせていく大きな流れのムーブメントの担い手に、あなたも加わりませんか」

そして性暴力の沈黙をやぶるムーブメントが日本全国でゆっくりと広がっていきました。『沈黙をやぶって』に寄稿した人たちの中からも、裁判に訴えた人、本を出版した人、サバイバーのアート展覧会を開いた人、ＣＡＰ（子どもへの暴力防止）プログラムを学校に届け続けている人などさまざまな表現活動を続ける人々が生まれました。

沈黙をやぶる行動は必ずしも言葉でなくていい。音楽、踊り、詩、映像など。過去の苦しみは自分なりの表現手段を得たとき、その人の生きる力の揺るがない核心になります。

幼児期に強姦されたたった一度の体験を寄稿した「一人暮らしの婆」は「初めて文字にして七〇余年秘めた胸の傷が涙とともに溶けてゆく」と書きました。当時七八歳だったこの方はその後、どのような人生を送られたのでしょう。

日本の性暴力被害者たちに一一〇年もの間、沈黙を強いてきた強姦罪が大幅に改正されて二年も経たない二〇一九年春。福岡、名古屋、静岡、浜松の地裁で性暴力事件被告への無罪判決が続きました。バックラッシュ（揺り戻し）です。単に裁判官個人の見解の問題ではありません。子どもや女性の人権が一歩でも力を得ると、既得権を脅かされる不安に駆られる人々が、揺り戻しをかけてきます。この五〇年、米国でも何度も繰り返されたことでした。

しかし二〇二〇年二月に福岡高裁が、三月には名古屋高裁が逆転有罪判決を出しました。日本の司法への絶望が希望に変わりました。この希望判決を出させるまでには、全国各地に広がったフラワーデモ、支援弁護士らなどたくさんの人々の尽力がありました。

でも闘いはまだまだ続く。バックラッシュはこれからも何度も襲ってくるのだから。

名古屋高裁の逆転判決を受けて原告女性は長文のコメントを出しました。

「私の経験した、信じてもらえないつらさを、これから救いを求めてくる子どもたちにはどうか味わってほしくありません。私は、幸いにも、やっと守ってくれる、寄り添ってくれる大人に出会えました」

五歳の時の性暴力被害を生きてきた和歌や詩を『沈黙をやぶって』にいくつも寄稿してくれた風子さんは三〇年前に、すでにMe Too運動の希望を呼びかけていました。

この指とまれ　　　橘　風子

自分を愛したい人　この指とまれ
秘密を持った人　おいでよここに
三人寄れば　ヒソヒソと高声のアンサンブル
五人になれば　にぎやかだ
七人になれば　心もあったか
十人二十人になれば　恐いものなし
三十人五十人になれば　友が友を呼ぶ
百人になったら　世の中も変わる
だから　この指とまれ

本書では日本における性暴力への取り組み約三〇年を踏まえた、次の新しい視点と知見を提示しました。
一、パートⅠでサバイバーたちは、被害のトラウマを克服するというよりは、むしろトラウマと共に生きてきた過去を慈しみ、現在、未来もトラウマとつきあいながら生きていくという新しいサバイバーの視点を語っています。トラウマは苦しみであったけれど、新しいいのちの源でもあるのです。
二、パートⅡで筆者は、トラウマと共に生きるための理解とケアの最前線を論じました。従来の性暴力関連本では取り上げられていない新しい知見、また古くからあるのに、使われていない有効な支援方法、再認識されたヨーガや瞑想の驚くべき効果、催眠を使ったソマティックなアプローチなどです。
三、パートⅢでは、子どもの今の性被害をトラウマ化させない支援のあり方と具体的なステップを提示しました。身近な人がなるべく早くに慈しみをもって手当てすることで、レジリアンスが起動します。
四、「性暴力」にNOを突きつける被害者支援の世界運動は一九七〇年代に始まり、以来それを担ってきたのは女性たちでした。しかし性暴力の加害者の九割以上が男性です。そして同時に圧倒的多数の男性が性暴力を良しとしない人たちであることもまた事実です。
女性たちの運動が始まってから約五〇年になります。今まで傍観者だった男性たちが、当事者意識を持ってフロントラインで、性暴力という男性問題に取り組み、歴史を変える時が来たのではないでしょうか。本書にサバイバーの夫たちの手記を入れたのは、回復に必ず夫の支援が必要なわけではないですが、性暴力問題に当事者として関わる男性の身近な例として、男性読者に読んで欲しかったからです。

トラウマと共に生きる　性暴力サバイバーと夫たち＋回復の最前線

パートⅡ　理解とケアの最前線

森田ゆり

パートⅢ　今、子どもの被害をトラウマ化させないために

森田ゆり

本書のパートⅠにはわずかな分量ですが、性暴力の生々しい描写が含まれています。サバイバーたちの人生を翻弄した子ども時代の体験を理解していただくために重要な記述です。読者の中には、これらの描写を読むことが引き金となって強い情動身体反応が起きる方がいるかもしれません。そのことを念頭に置いて飛ばし読みなどされることを勧めます。もし強い反応症状が現れたら、読むのをやめて、息を鼻からゆっくりと長く吐く呼吸をくり返して心身を鎮めてから、信頼する身近な人やセラピストに相談してください。

パートⅠ　苦渋の日々を経て、今トラウマと共に生きる

1、子どもたちを被害者にも加害者にもしないために

柳谷和美

二〇一〇年七月二二日、四二歳の時、関西テレビ局ニュースの特集枠、「性暴力と闘う～加害者をつくらない子育てとは～」実名と顔を出した私を取材していただいた番組が放送されました。

「子どもたちが人を傷つける大人にならないように、子育てを通じて犯罪の芽を摘もうと立ち上がった女性の姿を追いました」というアナウンスで始まった番組を、緊張と恐怖と不安で身体を震わせ、変な汗をダラダラ流しながら視聴者として見ていました（テレビの放送前に取材を受けた者が内容をチェックすることはできません）。

「これを観た人は、きっと私のことを『うわ～子どもの頃にそんな被害に遭ったん？オエ～』って思うんやろな。こんなことテレビで言うなんて、アタマおかしいとか、気持ち悪いとか、恥ずかしいって思うんやろな。取材受けんほうがよかったんかな。批判とか攻撃とかされたらコワイな」。そんなことが頭だけでなく、身体中をグルグルグルグルめぐって、放送後はドキドキがしばらく治まらず、グッタリしてしまいました。

この番組を、偶然視聴したある市の職員の方から、私のブログのメッセージに「(二〇一〇年)一二月に開催予定の市の教育委員会や職員、支援関係者の研修で、性暴力被害当事者として講演にきてもらえませんか?」との依頼が届きました。

そこから、私の「性暴力被害当事者(以下、当事者)」としての活動が始まりました。

当事者として活動を始めて一〇年。

五二歳になった今でも、被害時の身体の感覚を思い出すことができます。もちろん積極的に思い出そうとはしませんが、メディアの取材を受けるとき、ニュースやネットの記事などで「性暴力」に関する話題を見聞きしたとき、ふと嫌な感覚がザワザワと湧き上がる感じです。

その感覚が蘇ると、自分をすべて壊したくなる衝動に駆られ、激しい自傷行為をしていました。自傷をやめることができない自分をさらに責め、夫や子どもたちに怖い想いをさせてしまっていることも本当に嫌で、自分を大切にできるようになりたくて、カウンセリングやセラピー、性被害や性加害に関する研修などを受けてきました。

夫や家族にも協力してもらいながら、少しずつ自傷の頻度は減り、二〇一九年九月に自傷して以降は、今のところくり返していません。「今のところ」というのは、自傷するたび「もう二度と自傷しない！」と毎回決意するのに、ふとした拍子に表出するので、自分でも予測がつかないからです。

性暴力被害に加えて、両親からの「否定的しつけ」と怒鳴って殴って矯正する「体罰によるしつけ」によって、ジリジリと蓄積していった「自分」という存在への否定、生きていることへの罪悪感が身体の内側にへばりついていました。どんな状態でもOKだという「自分を大切にする」感覚を持つことは、私にとっては難しいことでした。

性暴力がもたらした生きづらさ

私の性暴力被害は、五歳の時、隣に住んでいた三人娘がいる父親からと、七歳の時当時一六歳だった従兄から。加えて、取材などでは話すものの、記事にはしないようにしてもらっていた小中高時代に同級生や先輩後輩から、大人になってからも知人や仕事がらみの人からなど、数えきれない「性暴力」にさらされてきました。しかし、それについては今後も公にすることはありません。それをすることで、今も生存している性加害をした人たちから、私の生活が脅かされる可能性が考えられるからです。

今、やっと苦しみもがきながら辿り着いた平穏な暮らしを守りたいのです。公の場で自分の「性被害」を話すことは、加害者からの逆恨みを買うリスクも背負うことになります。それだけでなく、その加害をした人が、もし、今平穏に暮らしているなら、その平穏を大切に生きていてほしいからです。

加害者に幸せでいてほしいと思えるようになったのは、不幸や孤独、性教育が行き届かないことが「性暴力」につながりやすいことを学び、実際に加害当事者の方の話も聞いてきたからです。

これ以上、被害者を増やしてほしくありません。それでもなぜ、五歳と七歳の時の被害を顔も実名も出して公表したのか。それは被害そのものもひどい出来事ですが、その後の生きづらさが、どれほど子どもの心を壊していくのかを「性暴力」を知らない人や、「犬に噛まれたと思って忘れなさい（いやいや、犬に噛まれたことも忘れられんでしょう）」とか「たいしたことない」などと思っている人に知ってほしいからです。架空の話ではなく、現実に生きている人の身の上に起こったことだと実感してほしいからです。とはいえ、加害者に対して復讐したい気持ち、不幸を望む気持ちも長い間持ち続けていました。その気持ちとの葛藤は、このあとに書きます。

ココア吐きそう

四七年も前の、しかも五歳の時のことをなぜ覚えているのか。

一九七三年（昭和四八年）当時五歳の私が「性暴力」を受けたと認識できるわけもなく、ただただ身体に残った妙な感覚について「あれはいったい、何だったんだろう」と、思い出し続けていたからです。

私が五歳だった当時、大阪府枚方市に住んでいて、両親は父方の祖父母と四人で近所の市場で魚屋を営んでいました。母から「お父さんはフランス料理のシェフをしていて給料も良かったのに、あのジイサン（父方の祖父）が、同じくらい給料出したるっていうから魚屋一緒にしたのに、な〜んがね。給料安いし、自分が気に入らんことあったら、すぐキレて包丁振り回すし……」と、祖父の愚痴をしょっちゅう聞かされるほど、母は祖父を嫌っていました。

母はことあるごとに私に愚痴を吐きました。父の浮気のこと、金銭的なこと、親戚縁者の悪口を。いつも私は母をなだめる役でした。そして「あんたは、お父さんに大事に大事にされてるんやから。あんたはお父さんの子。私は産んだだけ」「あんたが長男やったらよかったのに。弟の男らしさを、あんたが全部持っていってしまったね」「あんたは何でも自分で自分でって言うから、何でもできるもんね」と言われ続けていたので、私にとって「母」とは、「母」という役割の人が家族の中に居るという認識で、甘えたり頼ったりする存在ではありませんでした。

父は自称「子煩悩」。子どもをめちゃくちゃ可愛がっていたと父自身は今でも思っていますが、私にとって父は機嫌を損ねるとすぐ怒鳴る、どつく怖い人でしかありませんでした。それ以外の時は、冗談を言ったり楽しい時間もありましたが、楽しい時間も、恐怖の瞬間に全部塗り替えられていました。

当時の私は、いつも父親の顔色をうかがって、機嫌よくしてもらえるように、父親が喜びそうな嘘を、よくついていました。「子煩悩」を盾に、私が中学二年生になるまで、風呂にも入ってきていました。「一緒に入ろう」とこちらから誘うと喜ぶので、そんなことを言う自分も嫌でしたが、機嫌をとることが自分の「イヤ」という気持ちより優先でした。母からも「あんたがお父さんの機嫌とってよ」といつも父担当にされていました。当然「イヤ」とも言えず、一緒に風呂に入っていることを店のお客さん（同級生のお母さんもいた）に自慢気に話しているのも、のちの父への殺意、復讐心につながっていきました。

五歳のある日、私は母と三歳下の弟と、生まれたばかりの五歳下の弟と平屋の長屋の自宅にいました。退屈だったのか、隣の三姉妹と遊ぶと母に言って、隣の家に行きました。玄関に出てきたのは三姉妹の父親でした。その男は「お姉ちゃんたちな、お母さんと出かけてんねん。おっちゃんと遊ぼうか？」当時の私の身近にいる大人の男性と言えば、父と祖父。短気で怖い存在しか知らない私は「え？　遊んでくれるんや！　ワーイ！」と、優しく誘われたことを単純に喜んだのです。この出来事も、その後に起こったことも意外だったので、良くも悪くもずっと記憶に残ることになりました。

男が「お医者さんごっこしよ」と言いました。どんなふうに私が答えたのかは覚えていませんが、男からお医者さんごっこなので、服を全部脱いでベッドに寝るように指示されて、何の抵抗もすることなくあっさりと従ったのです。二段ベッドの上段だったので天井が近かったことを覚えています。

診察するからと、目隠しをされたので、身体の感覚だけが強烈に残ることになりました。性器ばかりに触れられ、子どもながら「これでいいの？」と混乱しながらも、抵抗せずされるがままになっていました。性器にヌルヌルしたものが当たる感覚、無精ひげがチクチクして……舐められてる？　え？　おしっこする汚いところなのに、舐める？　ん？　なに？　なに？……。

そうこうしていると、腹部に「ビチャ」っと水分をかけられたのです。目隠しをされているので、その水分が何なのか見ることはできないし、そもそも水分なんてベッドになかったのに、どこから水分を持ってきたん？　私が気づいてなかっただけでコップとか持ってきてたん？　そういう「診察」なん？　そんなことを考えているうちに、腹部の水分を拭き取られ、目隠しを外されて服を着るように促され、自分で服を着ました。

男がインスタントのココアを入れてくれて、座卓で飲み始めたとき、母がやってきたのです。男はにこやかに「今、ココア飲んでましてん」と母に言いました。

私はその時「は？」と思ったのです。いやいや、ココアを飲み始めたのはたった今で、「お医者さんごっこしてたんですよ」ってどうして言わないのだろう？と。

例えば鬼ごっこしていて、途中で水を飲んでいて「水飲んでたんです」って言わないでしょ？みたいな感覚でした。

それ以来、夜寝るときに、その時と同じ仰向けの体勢になると、「あの水分はいったい何だったんだろう？」と、ずっと考え続けていました。その「意味」を知ったときから、私はココアを吐きそうになるくらい嫌いになりました。

いじめで不登校

その翌年、私がもうすぐ保育園を卒園するという頃、父は祖父と大喧嘩になり、魚屋を辞めて家も引っ越すことになりました。そして、当時母の妹夫婦が住んでいた福岡県福岡市の近郊に住むことになりました。

最初の店舗兼住居で魚屋を始めたものの、子どもの目から見ても、お客さんが入らず、父はいつもイライラしてタバコをふかしていました。私が小学校一年生になった年の六月に店舗兼住居を引き払って、両親は知人の紹介でスーパーの鮮魚コーナーに入ることになり、母の妹夫婦の家の近くの安いアパートに引っ越しました。

転校生の私に、ちょっかいをかけてくる男子に「何すんねん！」と抵抗したところ、「うえ～『ねん』とか言いよう～おかしか～おい！　もっと『ねん』とか変な言葉言うてんや～！」と、箒で目をつつかれたり、給食のスープに上靴を突っ込まれたりのいじめに遭うようになりました。学校に行きたくなくて、近くの公園のブランコに乗っていたら、先生や叔母さんに見つかって連れ戻されることもありました。その後学校に行く時間になると、本当に熱が出たり嘔吐をするようになり、父が異変に気づいて、スーパー（店）近くの一戸建て平屋の借家に引っ越しました。

転校先の小学校ではいじめられることもなく、友達もできて楽しく過ごせるようになっていました。一度、学校からの帰り道、同級生の男の子に傘でつつかれて、それを言いつけようと店に行き、父に伝えたところ、魚をさばく包丁を持ったまま外に飛び出し「誰や！　和美にちょっかいかけたんは？　お前か？」と、小学校一年生の子どもに向かって怒鳴りつけたのです。今なら逮捕されますよね。そんなことがあって私は、安易に父に助けを求めると、恐ろしいことが起こると学習したのです。

誰にも言えなかった

二学期に入ったある日、当時一六歳だった母の甥（母の姉の長男）が家出をして鹿児島で補導されたが帰宅したくないと言っていると連絡が入り、小さい頃母が可愛がっていた甥だったこともあり、しばらく福岡で預かることになったのです。

ちょうど同じとき、私は皮膚疾患の伝染性膿痂疹（とびひ）を発症、学校を休まなければなりませんでした。母にすれば、店と家は歩いて五分もかからない距離でしたが、皮膚疾患とはいえ、病気の子どもを一人で留守番させるより、甥が居てくれたほうがありがたいと思ったそうです（のちに母から聞きました）。

私はその家に越してきたときから、三畳の小さな一人部屋を与えてもらっていました。その部屋には、一般的な勉強机と、シングルベッドが置いてありました。朝、両親が出勤して、家に従兄と二人だけになりました。

そのベッドで寝ていると、従兄がやってきて、私の隣に寝転がりました。それほど気にはならなかったのですが、しばらくして従兄がゴソゴソし始め、私の顔の前に自分のペニスを出して「舐めて」と言ってきたのです。

私は、五歳の時と同じように、おしっこするところだから汚いと思い、ペニスを目の前にしたまま、何とも言えない思春期独特の体臭にむせ返りそうになりながら、何も言えず、動けず、しばらくジッと口を閉じていました。「いやか?」と聞かれても「イヤだ」など言えるわけもなく、「あ~って言うてみ~」と言われ、あ~くらいなら言えると口を開けたとたん、従兄は私の口の中にペニスを押し込んできました。吐きそうになりながらも抵抗もできず、しかも歯が当たったら痛いだろうなと子ども心に思って、ペニスが入ったままの口を閉じたり、ましてや逃げたりすることもできませんでした。

ほんの数十秒だったのでしょうが、私には、これがいつまで続くのか、両親が帰ってくるまで、このままなのか、不安でとても長い時間に感じられました。そのあと、「こっちおいで」と、トイレに連れて行かれ、「見ててよ」と、マスターベーションをして射精するところを見せられました。今でこそ、マスターベーションして射精をしていたと言葉にして表現できますが、当時の私は、見てはいけないものを見ている罪悪感と恐怖で、心臓だけでなく身体全部がドキドキして、頭が膨張するような感覚で、いったいこれは何を見せられているんだろう？と思いながらも「見てて」と言われた指示に従うしかありませんでした。

何だかとてもイケナイことを見てしまった、してしまった、と思いました。これは誰にも言ってはいけない、間違っても父の耳に入ったら、父は従兄を怒鳴るだけでなく、殺してしまうかもしれないと本気で思いました。人を殺したら、警察に捕まって、魚屋ができなくなって、お金がなくなって、家族がバラバラになると思いました。

そして母からはきっと、「あんたがいらんこと言うたから、こんなことになったんや」と、一生恨まれると思って、私は「沈黙」を選んだのです。

何も知らずに帰宅した両親に、私が何も訴えないことを従兄は確認したのでしょう。翌日も二人になったとたん、そばに来るよう指示してきました。「パンツ脱いで」と言われて、あ〜また何か「変なこと」をされるんだろうと、恐怖と不安を感じていましたが、圧倒的に身体の大きな従兄から逃げることも、指示に従わないという選択肢も当時の私にはありませんでした。あぐらをかいてペニスを露出して座っている従兄の膝の上に、背を向けて座るように言われ、座ろうとしたとき、従兄は自分の手のひらに唾液を付け、私の性器に塗り付けました。そして、挿入を試みたのです。膣口の皮膚が引きつり、痛みと恐怖と不安で、泣きそうになりながらも、泣いたら父と同じように従兄は怒ると思って必死で涙をこらえ、されるがままにいました。

痛みがひどく、私は殺されるのかもしれないと思いました。それが「セックス（性交）」という行為であることも知らなかったし、ただただ、こんなに痛くて怖いことを、なぜ私にしてくるのか、私がどんな悪いことをしたから罰としてこんなことをされているのか、この行為は凶器だと思いました。それが、従兄が地元に帰るまでの約二週間、家で二人になるたびに続きました。

両親が仕事から帰宅するたび、いつか両親が不在中に何が起こったのかを知って、父が逆上して従兄を殺すかもしれないとビクビクしていました。

そもそも、被害に遭った最初の日に「助けて」って言えていたら。子どもが性被害を訴えてきたときに、キレずに冷静に対応することを両親が知っていてくれたら、私は挿入の被害まで遭わずに済んだはずです。このことも両親に対する恨みの感情につながっていきました。

それ以来、友達と楽しく遊んでいても、ふとそのことを思い出して、顔は笑っていても、感情が凍りついているような感覚になることが、よく起こるようになりました。そして無邪気に笑っている友達を眺めながら、「いいね～あんたたちは何も知らんくて。私はあんなことをされて、汚くなってしまっとうとよね」と思うようになりました。

その二年後、私が小学校三年生の時、朝早く電話が鳴り、母が電話口で号泣しながら嘆いていました。電話が終わって、母が泣きながら、父に電話の内容を伝える声を自分の部屋から聞いていました。従兄がバイクの自損事故で亡くなりました。一八歳でした。今、私が従兄からの被害を話せるのは、もう従兄がこの世に存在していないからなのです。

自分への復讐心

中学生くらいになって、五歳、七歳の時の「あの出来事」の「意味」がわかってから、いつか加害者に復讐してやる！　ずっと、そう思っていました。

従兄は亡くなってしまったけれど、名前もわからない隣の男をどうやったら捜せるのか、捜してどうやって殺害しようか、あの時と同じ仰向けの体勢になると不快な感覚を思い出してしまうので、いつも横向きで胎児のように丸くなって、復讐の方法を考えることが日課になっていました。

そして、逃げださなかった自分へも復讐心が向きました。自分気持ち悪い。自分汚い。

たくさん自分を傷つけて、傷つけられることをわざとしたり、私に好意を持って近づいてくる人に、意図的に傷つくであろう言葉を投げつけたり、傷つけられるような場所に行って、暴走、シンナー、酒、タバコ、テレクラで相手を見つけて売春して、自分に復讐していました。

売春していたときは、こんな身体、大事にするとか意味わからんし。どうせ汚いマンコなんやから、今さら大事にしたところで何もならんやん。自分の身体で金稼いで何が悪い？　誰にも迷惑かけてないやろが。私の身体の上で喘いでいる男たちを、感じるフリをしてやりながら「こいつもバカ。こっちが本当に感じてるとか思ってるわけ？　気持ち良くも何ともないわ。早く終わって金出せ」と見下すことで復讐心を満たしていました。セックスが私にとっては「男」という生き物に対する復讐の道具になっていました。

親が嫌がる一連の行為をバレないようにすることは、親への復讐にもなっていました。表向きは「社交的で頭も良くて運動もできて、父のご機嫌とりで、弟二人の面倒をみてくれる、しっかり者の良い子の和美ちゃん」のふりをして、親の期待を裏切る行為をしては、「何も知らんくせに。あんたたちの望むいい子ちゃんの娘はこんなことしようとよ」と、心の中で嘲り笑っていました。

中高生の時は、夜な夜な遊び歩くことも多く、たまに家にいないことが親にバレ、金属バットを持って追いかけられたこともありました。その場にいた男友達数人は父に殴られて血まみれになったこともあります。家に連れ戻されると、二〜三時間のお説教と、平手打ちのコースです。

お説教をされていた私は、いかにも反省しているように、うなだれ、時に涙を流して「ごめんなさい」と何度も謝りました。それは反省からではなく、早くこの場を終わらせたかった演技でした。腹の中で「あ〜もう早く終わらんかいな。早くタバコ吸いたいわ〜今度は見つからんようにせないかん」としか思っていませんでした。もう二度としません！とは一度も思いませんでした。

当時、どれだけの人とセックスをしたのかわかりません。五〇人まではいってないと思いますが、特定の「付き合う」人がいても、誘われれば断ることができず、数人の人がセックスフレンドとして、いつも存在していました。それを知る人たちから、「やりマン」と言われているのも知っていましたが「だから何？」としか思いませんでした。

感情の根っこが凍りついていて、不安も恐怖も感じられない感覚でした。ポジティブな感情も、嬉しいフリ楽しいフリはできても、心から楽しいと感じることはありませんでした。

のちの、二〇一五年、性暴力被害についての当事者グループワークに参加したとき、「あなたにとってよかった春は?」との問いかけに「春なんかなかったですよ。ずっと冬。っていうか、季節がない、『無』って感じですよ」と答えるほど、当時の私には「感情」というものがずっと凍りついていたように思います。

それでもセックスを受け入れる「普通」の女性でなければ、あの忌まわしい過去がバレてしまうという恐怖があったようにも思うし、私の持て余した暇な時間を埋める人たちでもあったようにも思うし、セックスの時だけは私に集中してくれているという、自分の寂しさを埋めてくれるものでもあったのかもしれません。

セックスの前後、裸で寝ていると、いつも吐き気がしていました。実際に何度か吐いたこともあります。そのことも自分で「普通」じゃないと思い、裸で寝る「練習」を毎晩していました。なぜ私が裸で寝ているのか知らない父は、毎晩寝る前に私が自宅にいるか確認するのが日課だったので(それも不快でしたが)私の一九歳の誕生日に「せめて服を着て寝なさい」と、パジャマをくれました。

DV男との別れ

一八歳から二一歳まで付き合った二歳年上の男からは「俺の前に付き合っていた男がいたことが許せない」と、ことあるごとに殴る蹴るの暴力を振るわれました。

その間、一九歳の時には、男が避妊を嫌がって「外出《そとだ》し（膣外射精）するけん」と言われ妊娠。二度中絶しました。膣外射精は避妊ではありません。それすら一九歳の私は知りませんでした。

中絶の一度目は「お前と結婚しようと思ってるけど、今は生活する金がないけん」。二度目は「また出来たとや？　金用意せないかんとや？」。その間わずか半年。中絶後に男が言ったのは、「しばらく（セックス）できんっちゃろ？　いつからできるとや？　ちゃんと聞いてやる俺、優しかろうが」でした。

いつか子どもを産んでみたいと漠然と思っていた私は、中絶経験のある友達に、中絶が「うまい」と噂の風俗街にほど近い婦人科を聞き、「処置」をしてもらいました。術後、畳の和室に私の前に処置された方が二名こちらに背を向けて横になっていました。麻酔が切れたてのフラフラな私も横になるよう促され、「気持ち悪くなったら、ここに吐いてね」と、金属製の吐瀉器を枕元に置かれ、しばらく休憩するように言われました。

一瞬でもお腹に宿った命への申し訳なさと、自分の無力さ、お腹の痛みで、涙が流れそうになるのを、同じ部屋で寝ている人に気づかれないように、必死で我慢しました。

暴力を振るわれていること、中絶したことも親にバレないように過ごしていました。バレると面倒だからです。付き合いだしたときに、一応両親には紹介したのですが、父に「あいつの目つきが気に入らん」。母は「あの子は、なんか好きじゃない。早く別れなさい」と言われたので、暴力を振るわれているなんて知ったら全力で別れさせられるだろうし、私の選択が「間違っていた」と認めることも、両親に負けるような気がして、意地でも別れないと思っていました。

当時勤めていた会社の同僚からも「また殴られたと？　もう別れり〜よ〜」と何度も言われていましたが「本当は優しい人やけん」と言って忠告を聞き入れませんでした。

とは言うものの、ワインの瓶を割って首を刺されそうになったり、部屋のベランダ（三階）から落とされそうになったり、気絶するほど殴られたりして、殺されるかもしれない恐怖に耐えきれず、何度か別れを切り出したこともありました。すると「ゴメン。もう殴らんけん。お前がおらんと生きていけん」と涙を流して謝るのです。そんな姿を見ると「もう一度信じてみるから」と別れを諦めるのです。のちにこれを「ハネムーン期」ということを知りました（笑）。ハネムーン期がしばらく続くと、やっぱり緊張期がやってきて爆発‼　これを例に漏れず、グルグルと繰り返していました。

付き合い始めてから、毎日男の家に行くことを強制されていました。「男の家」と言っても男の両親と同居なのですが。熱があっても「俺の家で寝とけばよかろうが」。会社での飲み会は一次会だけ。終わったら「俺の家に帰ってこい」。完全に行動を支配されていました。

「お前を送り迎えする車があったらね〜」と私が中古の車を買い、「お前と一緒にビデオ見たいけん」と、ビデオプレイヤーを買い、飲みに行っては当たり前のように私が支払っていました。「お前はバカやけん」とか「お前はブスやけん、俺くらいしか相手にしてやれん。感謝しろ」などなど、どんどん自分で考えて行動する力を奪われていっていたように思います。

そんな中、男の部屋で殴られていたとき、いよいよ「殺される‼」と思って、「助けてください〜‼」と叫んだことがありました。男の両親が助けにきてくれると思ったのです。けれども隣の部屋から聞こえてきたのは「○○ちゃ〜ん、静かにしなさ〜い」という男の母親の声でした。そのあと、その日の暴力がどうやって終わったのか覚えていないのですが、男の母親の声に絶望したことだけは忘れられません。男の父親もDVでした。一度台所の窓ガラスが割れていたことがあって、「オヤジがあいつ（男の母親）にキレたったい」ということもありました。

そして二年ほど経過した頃、近所の親しくしているお姉さんが、たまたま用があって我が家に来た際に、私の顔に青あざがあるのを見て暴力を受けていることに気づき、その彼と会わないでいいようにしてくれたり、一緒にいてくれたりして半年かけて別れることができたのです。

男と会わない日が増えていったので、洗脳から離れて冷静になれたのだと思うのですが、半年ほど経った頃、ふと、こんな考えが湧いてきたのです。

「あんな男に、なんで私の人生乗っ取られんといかんと？　あの人が知らんこと、私は知ってて心の中でバカにしてたやない。心の中でバカにしてる人と一緒になって楽しいわけないやない。中絶した二人の子どものために、一緒になって幸せにならんといかんって思ってたけど、そんなことない！　中絶した子どもは、きっと私が幸せになることを望んでくれてるはず‼　あんな男に、私の人生無茶苦茶にされてなるものか～‼」。グォ～ッ‼っとお腹の底から力が湧いてくるような感覚がしたのです。その勢いで、玄関の電話（一九八九年当時は一家に一台の固定電話）で男に連絡しました。

「何度も別れようって言って、何度も許してきたけど、今度は本気やけん。もう別れてください」と、これまでにないくらい毅然と堂々と告げました。

「考え直すってことはできんとや？　戻ってきたかったら、いつでも戻ってきていいぜ」

「お前がおらんと生きていけん。お前を殺して俺も死ぬ」

何を言われても「私の考えはもう変わりません」ときっぱり。

電話を切ったあと、急に恐怖が湧いてきて、その時ばかりは困ったときの仏頼み？　仏壇の前で「どうか無事に別れさせてください〜」と祈りました（笑）。

三〇分ほどすると聞き慣れた車の音がして、インターホンが鳴りました。

来た……。どうしよう。めちゃくちゃ動揺しました。

襲われるかもしれない。包丁を手にしているかもしれない。殺しに来たのかもしれない。よし、いざとなったら警察に電話しよう。玄関まで行って、電話の「一一〇」を確認。当時飼っていた室内犬を抱っこして、扉のチェーンを付けて、鍵を開けました。鍵が開いた音で、男は扉を開こうとしましたが、チェーンで「ガチャ！」と一〇センチほどしか開かなかった隙間から「最後に顔だけ見にきた」と、男なりの優しい笑顔を見せました。

何度この笑顔にだまされただろう。この時ばかりは嫌悪と軽蔑感しかありませんでした。

「最後に、キスだけさせて」

はぁ？？？？？？　いっつもこの人はそうやってごまかす。もうだまされないぞ!!

「無理です」と、淡々と答えました。

「じゃ、握手だけ……」「無理です」

「お前の気持ちはわかった。じゃ、元気で……」。扉が閉まり、車のエンジン音が遠のいていくのを確認しながら、逆ギレして戻ってきたらどうしよ～！という恐怖が再燃して、また仏壇の前に座って祈りました。

男は戻ってきませんでした。嘘のように、それ以来パッタリ連絡も来なくなりました。

「お前がおらんと生きていけん」と言っていた人は、今でも元気に生きているそうです。

初めての子育て・泣かれることへの恐怖

DV男と別れたあとに付き合いだした人と一九九一年、二二歳の時、妊娠をきっかけに一度目の結婚をしました。子育てもセックスと同じで、なんとなくできるものだと簡単に考えていたのですが、「泣く」ことを許されずに育った私は、生まれたばかりの息子が泣くと、早く泣き止ませなければと焦りました。

産後実家に戻っていましたが、自分の子どもの頃の記憶で、泣くと父が不機嫌になるかもしれないと思うと、息子に泣かれることが恐怖でした。どうやったら泣き止んでくれるのかがわからず、気が狂いそうになり、当初一カ月は実家にいると言っていたのですが、三週間もしないうちに実家を出ました。

結婚当初住んでいた市営住宅には頼れる近所のおばさんたちや、友達もいたので、未熟ではあるものの、何とか新米母を頑張れていました。けれども、息子が生後九カ月の時、県外に引っ越すことになり、頼れる人も、相談できる人もいない、ワンオペ育児になりました。

「泣く」ということがどうしても受け入れられずに、子どもと二人だけの家の中で、子どもが泣くと、最初のうちは、抱っこしたりあやしたり、お菓子や食べ物でごまかそうとしたりするのですが、数分も泣き続けられると「いつまで泣くんか～‼」と、かつて父から怒鳴ってどつかれていたようにしか、対応ができないのです。

息子を叩いて、和室に閉じ込めて、妊娠を機にやめていたタバコを吸い、ぼ～っとしていました。ふと我に返り、和室を覗くと、畳の上で泣き疲れて涙と鼻水とヨダレでぐちゃぐちゃになっている息子が、ヒックヒックとしゃくりあげながらうつ伏せで寝ているのです。太ももには私が叩いた手のひらの跡がくっきり残っていました。それを見て、今度は自己嫌悪です。

私はどうして優しくできないんだろう。みんな上手に子育てしているのに（というように見えていた）私は母親失格だ。産んでしまってゴメンね。お母さんが私でごめんね。今度は優しくするけん。そう決意するのですが、できないのです。

タバコを吸っているときに、抱っこをせがんでくる息子を抱っこしてあげることもできませんでした。のちに「優しい対応の仕方」を学習していなかったからだとわかるのですが、当時の私はそんな自分を責めることしかできませんでした。

息子が泣く→イライラする→怒鳴る、殴る→よけい泣く→閉じ込める→我に返って自己嫌悪。当時のことをいつしか「檻のない独房」と自分の中で呼んでいました。そんなことが半年続き、このままでは息子を殺してしまうかもしれないと危機感が限界に達し、子どもを保育園で育ててもらおうと思い、仕事を探して保育園に預けました。

今振り返ると、その選択が良かったのだとわかるのですが、当時の私は「子どもを上手に育てられないダメな母親、ダメな人間」だと思い続けていました。元夫に対しても、わざと怒らせるようなことを言ったりやったりして、たくさん傷つけて、三四歳で離婚することになりました。

母の反応

この一回目の結婚の間に、自分の性暴力被害について地元の新聞に投稿したことがあります。一九九八年三〇歳の時でした。ある日開いた紙面に「性暴力」の記事が掲載してあったのです。読み始めると、口から心臓が出てくるんじゃないかと思うくらい動悸がして身体が震えました。

「ご意見のあて先は……」とあるのを見て、自分のことを伝えたいと思ったのです。手書きで書こうとしても、手が震えて書けなくて、当時持っていたワープロで、性暴力被害のこと、DV被害のことを、A4サイズ用紙に五枚ほど綴って、白い用紙が見当たらなかったので、水色の用紙に二部印刷して、一部を新聞社に送りました。一部を自分の控えとして書類をまとめている棚の奥にしまっていました。

手紙を読んでくださった女性記者さんから取材をさせてほしいとの連絡があり、私が家に一人でいるときに、自宅に来てもらって話をしました。記事にしたいと言われたときは、当然仮名で、住んでいる場所や、人物の背景など、絶対私だとわからないように配慮をお願いしました。その記事は四日にわたって掲載されました。

それからしばらくして、記事のことも忘れかけていた数カ月後、仕事で帰りが遅くなるので、当時小学校一年生だった息子の晩御飯を、近所に住んでいた母に頼んでいました。

私が帰宅して玄関を開けると、母が水色の用紙を持って、鬼のような顔をして立っていました。私は水色の用紙を見て、「あ〜またこの人、勝手にあちこち詮索して見つけたんやわ」と、あきれていると「あんた‼ これ！ なんなんよっ‼」と、大声で泣き叫び始めました。

「あの子は〜！ 可愛がってやってたのに！ 飛行機代まで出して、こっちに呼んでやったのに、こんなことしやがって‼ だいたい〇〇（従兄の父親の名前）が悪いんや！ あいつがあんなんやから‼」と、しばらく泣き喚く母を眺めていました。

母の息が切れたとき、私は静かに言いました。「あのさ〜私さ〜被害に遭った人たいね。被害に遭っとうのに、なんでまたあんたの怒りをぶつけられないかんわけ？ あんたはいっつもそうやもんね。自分ばっかりがつらいっちゃもんね。だいたい人の家のもの、いっつも勝手にあちこち触るなよ。あんた、だいたい小さい頃からそうやったもんね。もう晩御飯も頼まん」

その時は、本当に母に対して怒りしかありませんでした。その後、当事者として活動し始めて一年が経過した二〇一一年、改めて母とこの時の話を「落ち着いて」することができました。

その時初めて母から、五歳の被害のことを知っていたと聞いたのです。隣に行くと言って出ていったものの、壁一枚隔てた隣から、子どもの声がしないので不審に思って隣に行き、「和美〜！」と呼んでみたそうです。誰も出てこなかったので、近所を探し回ったけれども、どこにも見当たらず、再度、隣に行ったところ、男と私がココアを飲んでいたというのです。自宅に帰宅後、私の様子が、なんとなくおかしいと思い、母は父に話し、隣に行って男に「自分の子どもおらんのに、人の子ども家に上げるか？」と問い詰めたそうです。

当然男は認めるわけがなく「何もしてません」と言ったそうです。そこで父は枚方警察に被害届を出し、後日警察に呼び出されたか、警察が訪問したのか、隣の男の妻が、うちに謝りにきたけれど、父は「引っ越せ！」と怒鳴りつけ追い返し、その後しばらくして家族ごと引っ越していったそうです。

正直、母のこの話を聞くまで、私の被害の記憶は本当なのか、もしかしたら、悪い夢を現実と勘違いしていたのではないかと自分でも疑っていました。母の話と一致した記憶は、自分の思い込みや妄想ではなかったのだと、変ですがホッとしました。

出会い

二〇〇三年一月に離婚、二度と結婚なんかしないと友人にも断言していました。

友人の前では強がってみせても、寂しさと、なんなら殺されてもいいやという自暴自棄な気持ちで、ある日ネットカフェの一人ブースで、ぼんやりと出会い系サイトを眺めていました。

どうせ殺されるなら男前に殺されようと、画面をスクロールしていたら、「男前」を見つけたのです（笑）。

「大阪人です。仕事で福岡に行くのでご飯食べませんか」とありました。

殺されてもいいと思っていたので、初めて飲みに行ったときから、私の過去、特に私がどれだけひどい人間で生きる価値がないのかを、洗いざらい話しました。

一週間後、二度目に会ったとき、「実はオレもさ〜」と、二人で暴露大会になったのです。二人でベロベロになるまで飲んだとき、私に変なスイッチが入って「私さ〜こんなひどい人間やけどさ〜本当は、いい人になりたい〜」と号泣したのです。

すると彼は「俺もや〜！　ほんまは温かい家庭作りたいねん〜」と一緒に泣いてくれました。

その翌朝、酔いが醒めた彼は「重たく考えんどいてな。俺の子ども産んでくれへん？一緒に子ども育てよう」と、とっても重たいプロポーズをしてくれました。

「私、子ども虐待するって言ったよね。酷い人間って言ったよね。でも一緒に育ててくれるんやったら、産んでみよっかなって思ってる自分もいてる」と答えました。

その後、再婚を前提に大阪で同棲を始め、二〇〇四年五月に再婚。離れて暮らしていた長男も引き取り、二〇〇五年次男、二〇〇七年三男を出産しました。

夫は宣言通り、子どもの夜泣きにも翌日仕事があるのに起きてきては、「この一回はミルクでいこう。和美ちゃんは寝とき」と私を寝かせてくれたり、子育てに関われないハードスケジュールな仕事のプロジェクトを断り、給与が下がっても子どもに関われる出張のない部署に転属してくれたりと、できる限り子育てに関わってくれて、今に至ります。

夫と出会ってからは、自分でも驚くほど、夫にしか興味が湧かなくなりました。かつて私は、女性とも性的な接触を伴う関係が数回あったのですが、性別に関係なく人間というカテゴリーの中で、夫が一番大好き！という想いに至れたことは、自分にとってとても幸せなことでした。

セックス拒否を乗り越える

同棲を始めて、次男を妊娠するまで、夫とは毎日セックスをしました。それは、それまでの自暴自棄なセックスではなく、生まれて初めて本当に心から安心して楽しめる心地よいものでした。

けれど、二〇〇七年に三男を産んだあとくらいから、セックスが苦痛になってきたのです。夫とのセックスがあんなに大好きだったのに、自分の気持ちが全く乗ってこないことに、夫に対して申し訳ない気持ちと、でも自分ではどうしようもないくらいの拒否感で「セックスしたくなるように頑張らないと！」と思うことがしんどくて、自傷のスイッチが入ることもありました。

夫とセックスについて、何度も何度も話し合う中で、私が、小さな子どもたちの近くでセックスをしたくないと思っていることにやっと気づけたのです。

自分が望んでいることを選択するのが本当に苦手で、「自分のＮＯ」に気づくのは難しいことなのだと改めて自覚しました。子どもたちにセックスしている気配を感じ取られることだけでも吐きそうになるほど嫌だったのです。

自分が子どもの頃、夜寝ていると、父が母を怒鳴りつけて、母が泣いている声が聞こえるのですが、しばらくすると父と母がセックスしているであろう物音や声が聞こえてくるのです。その声に母に対して、あれだけ怒鳴られてるのに、そんなことするとかバカじゃないと？　早く離婚したらいいのに……と母を母としても女性としても見下す子ども時代の私がいたのです。

子どもたちから「見下される女」になりたくないという気持ちも、セックスの拒否感につながっていたのだと思います。ただ、このままでは良くないと思い、あれこれネット検索して、健全なセックスのハウツーDVDを購入して二人で学習しました。

出した対策は、時々二人でラブホテルデートをしようということでした。年に数回ですが、子どもたちが学校に行っている平日、夫は休日出勤の代休をとってくれて、昼から軽くビールを飲んでラブホテルに行き、DVDで学習したようにゆったり時間をかけて楽しめるようになりました。

復讐してやる!

二〇〇五年、カウンセリングを学ぶ機会を得て、民間のカウンセラー資格をとったものの、自分の心の整理はできないまま、高卒の学歴に関係なく受講できる心に関する研修にあちこち参加していました。それでも復讐心は消えることなく、いつか従兄の両親に会ったら、従兄にされたことを絶対に言ってやる!　やられたからやり返す!　絶対、復讐してやる!　とモヤモヤを抱え続けていました。

そして二〇〇九年の夏、母方の親戚の葬儀で二〇数年ぶりに従兄の母（伯母さん）に会ったのです。まさか来てると思っていませんでした。母方の親戚が住む大阪と、伯母の住んでいるところ（母の地元）は簡単に行き来できる距離ではなかったので。

とても驚きましたが、平静を装って挨拶をしました。ドキドキしました。どこかに呼び出して言おうか。でも、なかなかその機会もなく。親戚の葬儀だし、揉め事起こすのもどうよ？とも思っていました。

お通夜では、これまで通り、「柳谷の愛想の良い長女の和美ちゃん」でいることに徹しました。

お通夜の後、一旦帰宅してから「明日言うか？」とかザワザワしましたが、翌日も葬儀から会食まで通常モードで過ごし、伯母さんや親戚に挨拶して帰宅したのです。結局、何も言わずに終わりました。

帰りの電車で、グルグルもやもや。

「もし、あの時言ってたら」「もし、呼び出せてたら」「たられば」をぐるぐるぐるぐる。

モヤモヤしたまま、約一カ月ほど経過した二〇〇九年一〇月。二〇〇八年から学んでいた子どもと親のための心理技法の特別研修会がありました。「特別」というのは、その協会の名誉会長（以下A先生）が東京からやってくる研修だったからです。その特別研修会で、「自分の心と向き合うワーク」を研修生二〇人ほどの前でやることになったのです。

A先生から「はい、あなた、やってみて」と、トップバッターでご指名されたのです。きっと、モヤモヤオーラを出しまくっていたんでしょう（笑）。研修生がグルッと取り囲んで座っている中、私は会場の中央に立って、私の右腕を一人が両手でそっと支え、左腕も、もう一人が両手でそっと支えて、後ろにも一人、両手で私の背中をそっと支えてくれます。

「どんな気持ちと向き合いたいですか？」。A先生に聞かれて即座に私は「泣きたいけど、泣けない気持ちです」と答えました。すると、イメージが浮かんできたのです。

私の中に「泣くのを止めるちゃん」と「泣きたいちゃん」がいるのです。それを伝えると、A先生の指示で、私の目の前で研修生の二人の方がその二人の役をやってくれました。

私の二メートルほど前に「泣くのを止めるちゃん」が仁王立ちをしていて、その後ろ、腰あたりから「泣きたいちゃん」が顔だけ覗かせて、こちらに向かって「泣きたいのに～！」と訴えているのです。「泣くのを止めるちゃん」は、怖い目をして「泣くな～‼」と私を睨んでいました。それを私はしばらく無表情で眺めていました。数秒して、睨んでいる「泣くのを止めるちゃん」からメッセージを感じたのです。

「あんたは、もう十分傷ついてきた。これ以上傷つかんでいい。伯母ちゃんに従兄がしたことを言うってことは、今度はあんたが『伯母ちゃんの心を傷つけた』っていう傷を新しく背負うとよ。言ってしまったら、戻れんとよ。もう、新しい傷は背負わんでいい。あんたがわざわざ傷つけんでいい。伯母ちゃんも、いっぱい傷ついてきた。どんな息子であっても、一八歳で失ったっていう、大きな傷も負ってる。だけん、もうあんたが傷つけんでいい。自分で自分を傷つけんでいい」（なぜか全文、博多弁）

自分の中からのそのメッセージを感じたとたん、うわ〜ん‼って泣けてきて、めちゃくちゃ声をあげて号泣して、立っていられなくなって、床に倒れ込んでワンワン泣きました。たくさんたくさん泣きました。その間、支えてくれていた三人の方が、そっと身体に触れて、赤ちゃんを寝かしつけるように、背中を優しくトントンしてくれました。

数分してA先生に「はい。では大人心を立てて、起きましょう」と言われて起き上がりました。

その後、数日の間、ふわ〜っとした感覚で過ごして、振り返ってみたのです。

復讐するって、相手も傷つけるけれど、自分も傷つけるんだと気づいたのです。

復讐って、気持ちいいどころか、自分が苦しくなるだけなんだと。
復讐って、相手を傷つける「加害者」になってるじゃないか！と。

自傷が止まらず

そこから今度は、それまで抑え込んでいた「感情」があふれてきました。それまで感じないように凍りついてマヒさせていた自分の「傷ついた心」の「痛み」があふれてきたのです。

「自分を大切にしよう」って言われても、アタマではわかっているけれど、何より親から、「ありのまま」で大切にされた経験がない。泣き言も許されなかったし、泣き言言うダメ人間は体罰で痛めつけなければいけないという父の考えが脳内を支配していて、そうすることでしか自分の存在価値を確認できませんでした。

罰を与えられる人間としてしか生きている価値がないと思い、自分を大切にしようとすると、幸せだな～と感じようとすると「こんなめんどくさい自分、死んでしまえ～！」って自分の体を叩きまくったり、アタマを壁や床に叩きつけたりの自傷が始まったのです。
グワ～っと体の奥からあふれてくるような自傷をやめることができず、自分でも怖くなりました。自傷＝いけないこと、と捉えられがちですが、無かったことにしていた心の一番深い傷と向き合わざるを得なくなり、夫と話し合って、その協会の理事の先生のところに一緒にカウンセリングを受けに行き、結果的に救われることになりました。

私が暴れだしたら、こうやって止めるんだよ。とか、こういう声かけをするんだよ。と夫も学んでくれました。

何度も何度も、ふとしたことでスイッチが入って「死にたい！　死ぬ‼」と暴れる私を、夫は、泣きながら「和美ちゃん、大事やから。和美ちゃん、大切やから」って抱きしめながら、ケガをしないように止めてくれました。

何度も何度も何度も……。

自傷が、月一ペースから、二カ月に一回、三カ月に一回……。

少しずつ、少しずつ減っていきました。

そうしてやっと、もう、いいや。って。

私、幸せになっていい。家族に愛されていい。ゆったり生きていい。

親に対する復讐心も、もう、いらんわ～って。

私が幸せになることで、親が喜んでいいやん、って。

親を喜ばせたくない〜って復讐心から、私の子ども心が暴れていたから自傷してたんやろな〜って思えたのです。

あ〜こわ（笑）。

復讐心を持ち続けるってことは、自分を幸せにしないってことやったんや〜って気づきました。


その頃、二〇〇九年一〇月に購入したのが、森田ゆり先生の『沈黙をやぶって〜子ども時代に性暴力を受けた女性たちの証言＋心を癒す教本〜』（築地書館、一九九三年）でした。「はじめに」に書かれていた言葉を読んで、衝撃と感動で号泣しました。


性暴力にかかわる言葉を被害者の視点から定義しなおし、確立していく仕事は、日本では今はじまったばかりです。その仕事の主体となるのは、心理学者ではなく、犯罪学者ではなく、弁護士ではなく、評論家ではなく、性暴力を体験した人たちにほかなりません。

（中略）

人生のネガティブな汚点でしかなかったその体験は、それを語り、意識化しようとするプロセスの中で、その人の強さの拠りどころとなり、その人の存在の核ともなります。語りはじめること、いまだ存在しない言葉を捜しながら、たどたどしくとも語りはじめること。語ることで出会いが生まれ、自分の輝きを信じたい人たちのいのちに連なるネットワークができていくでしょう。

ひとたび沈黙をやぶったその声を大きく広く、日本のいたるところに響き渡らせていく大きな流れのムーブメントの担い手に、あなたも加わりませんか。

加わりたい‼ でも、どうやって？と、あれこれネットで検索し始めました。

そもそも、ゆり先生の本を初めて購入したきっかけになった出来事は、二〇〇六年から二〇〇九年まで頼まれて認可外保育園の施設長としての園長職に就いていたときのことです。

外遊びから帰った園児の手洗いや、食事の準備、オムツ替えなど、忙しい時間は保育室に入っていました。私自身の子どもは、男の子ばかり三人なので、そこで初めて、女の子のオムツ替えをしたのです。

手際よくオムツを開いたとたん、目に飛び込んできた女の子の性器。心臓が飛び出そうな動悸と、吐き気が襲ってきました。

「ヤバイ……ヤバイ……」と焦りながら、何とかオムツ替えを済ませて、その場を離れました。

私は、あんなにキレイな性器を気持ち悪い暴力によって汚されてしまったんだ。目の前にいる子どもたちはもちろん、子どもたちみんなが、私と同じような被害と、その後の生きづらさを経験してほしくない！と強く強く思ったのです。

けれど、何にどこから手を付ければいいのか？　私に何ができるというのか？　そんな想いが湧いてきて、「性暴力」「子ども」などの検索ワードで、ゆり先生の本に辿り着いたのでした。

活動に参加

それからも、あれこれ調べているうちに、日本で初めて、実名と顔を出して、ご自身のレイプ体験とその後の活動を綴った本『ＳＴＡＮＤ　立ち上がる選択』（いのちのことば社、二〇〇七年）を執筆された大藪順子《おおやぶのぶこ》さんの存在を知り、メールを送りました。

「私は子どもの頃に性暴力被害に遭いました。大藪さんの活動、素晴らしいと思います。私も何かできないかと模索しています（主旨）」と。

個人的に返信はなかったものの、数カ月して、某大学での講演会の案内がＢＣＣで送られてきたので早速参加。二〇〇～三〇〇名は入る講堂で、ご自身のレイプ被害の話をされる姿に、とても衝撃を受けました。

著書の中で、「なぜ被害者は隠れて生きなければいけないのか。被害者はもっと堂々と生きていい（主旨）」「加害者への最大の復讐は幸せになること」とあり、それを体現されていて、カッコいい‼と思いました。

ですが、私自身は、いや〜私にはできないな。あんな多くの人前で、自分の被害を話すなんて、ないないないない‼　怖い怖い‼というのが当時の感想でした。


そのさらに数カ月後、再度、大藪さんから大阪で「ＳＴＡＮＤ」のタイトルの曲を、性暴力被害に遭ったアーティストが初めてお披露目をするイベントがあるので、どなたかボランティアスタッフとして手伝ってもらえませんか？という一斉メールが届き、二つ返事でお手伝いに立候補しました。

設営や受付のお手伝いをすることが決まったイベントの数日前に、再度メールが届きました。

「当日はマスコミが多く取材に来ます。お手伝いする方に、性暴力被害当事者が含まれていると伝えたところ、その方たちに取材したいと打診がありました。断ってもいいですし、顔や名前は出さない条件で受けてもらってもいいですし、お返事いただけますでしょうか」との内容でした。

一斉メールだったのに、私個人に送られてきたと思うほど、動揺しました。これは決して比べているわけではないことを理解していただきたいのですが、大人の時の被害と、子どもの時の被害では、いろいろな部分で大きく違うのです。


そもそも被害自体、子どもが「意味」を理解していないことがあったり、遊びや可愛がりの延長線上にあるため「被害」と認識できなかったり、加害者が身内や身近な人であるため、訴えることすら困難であるということなどです。それを伝えなければ！と思いました。申し訳ないけれど、加害者が亡くなっているからこそ、伝えられることがあると。

とはいえ、公の場で、自身の被害を話したこともないのに、いきなりマスコミなんて、怖すぎると思いました。でも伝えたい、でも怖い、そんな気持ちが行ったり来たり。

夫が仕事から帰宅して、そのことを話しました。すると夫は「世界中が敵になっても、俺は和美ちゃんの味方やから、取材受けたいと思うんやったら、受けたらええやん」と言ってくれました。

生まれて初めて、すべてを受け止めてくれようとする愛情を感じて、たくさん泣いて、ありがとうと伝えました。

そして、冒頭に書いたテレビの特集になったのです。以来、講演の依頼がくるようになりましたが、数年は講演の前には、気持ちがザワザワして、自傷を発症させていました。それでも講演の依頼を受けていたのは、性暴力被害は、その被害だけで終わらないこと。被害後の生きづらさが長く続くこと、小さな頃から年齢に合った性教育を受けることの必要性、何でも話せる家庭環境の大切さを知ってほしいと願うからです。

父との和解

父には、そのテレビの特集が放送された翌々月（二〇一〇年九月）、法事のために来阪した際に、その番組を見せました。見終わって固まっている父に言いました。

「私はあんたを、ずっと殺したいと思っとった。私が、なんで従兄からの被害を言えんかったかわかる？　あんたが怖かったけんよ。普段怖い親には、子どもはイザというときに、助けてって言えんとよ。助けてって伝えられないあんたをずっと憎んどった。

だけん、普段から何でも言える家庭環境、家族の中では否定・批判・ダメ出しじゃなく、ネガティブなことこそ泣き言こそ、寄り添いあってどうしたらいいと思う？って話し合えるようにしておかんといかんとよ。泣きたいときは泣ける環境が、安心安全に過ごせる居場所が大事なんよ。家族の中でそれができんで、どこでできると？

何か事が起きたときに怖い印象しか持てない親は、子どもの心も身体も命も守ってあげられんとよ。私は子どもたちにとって、助けてって言える親になろうって努力してきたし、これからもしていく。

そして私は、それを伝える仕事をしていくけん。オヤジ、ネタにするけど、ごめんやけんね」

そう伝えると、父は泣きだしました。「すまんかったな。すまんかったな」と。

「もう、謝らんでいい‼」と泣きながら怒る私の横で、夫は「ええ場面や〜」と泣いていました。

性の快感と性加害

めでたし、めでたし？　ではありませんでした。私にとって、当事者として活動を始めてからも、誰にも言えず、ずっと心の中の一番深い傷……というより、自分の身体に対して何とも得体の知れない、ドロドロとしたヘドロのような、重たく気持ち悪い記憶となった部分のことは、夫にさえ伝えることができていませんでした。

それは、五歳の被害時、「恐怖」や「嫌悪」ではなく、身体の感覚として快感があったということでした。「被害」なのに「快感」を感じた自分が気持ち悪い、認めたくない、許せない、とずっと自分を責めていたことです。

そしてその快感を求めて、マスターベーションに執着していたことも、自分が「気持ち悪い」「いけない」子どもになったようで、とても恥ずかしいことだと思っていました。

さらには小学校低学年くらいまで、自分の快感を求めて、身近な子どもに「性加害」をしていたことは、永久に絶対に誰にも言ってはいけないと思っていました。

そんなことを言えば、加害者の言い訳にも加担してしまう、なんなら私は加害者であって、被害の話をしている偽善者だと非難されてしまう恐怖が新たに生まれていました。

講演や取材などでは、被害について、「嫌な感覚」が、どれほど「気持ち悪い」「不快」なことだったかを強調していましたが、本当は「気持ち悪い」「不快」の矛先は、自分自身の身体だったのです。事実を言えない罪悪感と後ろめたさが、どんどん増幅していきました。

当事者として活動を始めてから、そんな自分への不信感を抱えたまま、数年ほど経過して、購入したまま置いていた『癒しのエンパワメント　性虐待からの回復ガイド』（森田ゆり著、築地書館、二〇〇二年）を読んだのです。

たとえ身体的快感があったとしても、心は快感を感じたのではなくその暴力によって深く傷つけられたのです。子どものあなたをそのような深刻な性的感覚の混乱に落とし入れた加害者に対して、あなたは怒りを抱いていいのです。（五六頁）

身体が快感を覚えたからといって、心がその刺激を喜んだり受け入れたりしたことにはなりません。玉ネギを刻んでいると、悲しくもないのに涙が止まらなくなってしまう身体の反応と同じです。（九一頁）

泣きました。めちゃくちゃ泣きました。やっと、わかってくれる人に出会えたと思いました。今、書いていても泣けてきます。

そして、夫に打ち明けました。「実はさ〜、まだのぶちゃんに言ってなかったことがあるっちゃん」

喉の奥が詰まる感じがして、言葉がなかなか出てきませんでしたが、「自分のことが一番許せんかった。一番嫌やった。当事者として話をする資格なんてない」というようなことを泣きながら、吐きそうになりながら話しました。

夫は、変わらず「つらかったな、しんどかったな」と一緒に泣いてくれました。

傷と共存する

そして二〇一五年、当時、私が加害をした一人とは細くつながっていたので、とても怖かったのですが、勇気を出して連絡をとりました。普段から優しいその人に、私が加害していたことについて話すと、「覚えてない」と言われました。

本当に覚えていないのか、私を気遣ってそう言ってくれたのか真意はわかりませんが、私の活動を告げると「頑張って」と言ってくれました。

その時私は、もっと責めてくれてもいいのにと苦しくなりました。加害を自覚して、「赦される」ことのほうがつらかったです。

そのことがあってから、クローズドの講演会の場では、自分の加害についても話すようになりました。子ども時代に、子どもらしく過ごすことを奪う「性暴力」が、どれほど心身に深い傷を残し、その被害時だけでなく、その後の人生で身体の反応も含めて「人間らしく生きる」ことが困難になるかということ、被害から加害が生まれることを防災の知識と同じような感覚で知っていてほしいと。

私は心身に多くの傷を負ったけれど、その「傷と共存」できるようになったというのが、「しっくり」きています。過去は変えられないけれど、もう自分は「その場」にはいない。

そして今は自分を「安心・安全・自信」のある場所（心の状態も含めて）に置くことを選択できる。「今」を大切にすることが、加害をしてしまった人たちに対しての贖罪だとも思っています。

そして、一番は、自分を赦すことにもつながっています。

伝えていくたくさんの活動

今、私の活動は、民間心理カウンセラーとして、性暴力被害、ＤＶ、虐待の被害と加害の当事者としての講演をしたり、子育ての応援団として、性教育や親子の健全な関わり方を伝えることができる方を養成する講座を開催するなど、多岐にわたります。

当事者として、警察や犯罪被害者支援をされている方を対象にした講演会でのみ行う、二〇一四年に私が考え出したワークがあります（一般の方対象では行いません）。

会場で二人一組になっていただき、一人一分ずつ自己紹介をしていただきます。内容は、言いたくない項目は飛ばしてＯＫという前提で、①お名前、②出身地、③お住まい、④好きなこと・好きなもの（例：趣味・食べ物・場所・時間など）。会場は、そこそこ盛り上がります。

自己紹介が終わったあと、私が早口で質問をたたみかけます。

「お隣の人と、仲良くなりましたか？　それでは、仲良くなった隣の人に、最近セックスした話をしてください。相手は誰で、どんな関係で、いつ、何時に、どこで、どんな手順でやりましたか？　服は脱ぎましたか？　どこを触りましたか？　どこを触られましたか？　抵抗しましたか？　どんな会話をしましたか？　受け入れましたか？　ペニスを挿入しましたか？　挿入は膣ですか？　肛門ですか？　口ですか？　射精しましたか？　昨日の方もいるでしょうし、一年前の人もいるでしょう。詳細に思い出すために、一分お時間をとります」

この辺まで話すと、会場は静かにザワザワします。一〇秒もしないうちに「ドキドキしませんでしたか？　話さないでいいですよ」と伝えると、皆さん安堵されます。

続けて、

「今、皆さん、ご自身の最近のセックスの話なんて、したくないって思いませんでしたか？　お金盗まれたとか、殴られたとかって訴えやすいです。でも、自分の性的な、しかも自分が望んでいない一方的な性的接触の話って詳細に話せますか？

特に警察の皆さんは、何とか一日でも早く加害者を検挙したいという想いもあるでしょうが、被害者が訴えるハードルは、とてつもなく高く、恐怖や恥を伴うということを知っておいてほしくて、このイヤなワークをしていただきました。

これを知っているか知っていないかだけでも、被害当事者に関わる際の心構えが違ってくると思います」

と、お伝えしています。

講演後の感想には、半分以上の方が、このワークが衝撃だったと書かれています。自分が話すほうになることを考えたこともなかったという方も多いのです。


それほど、性暴力被害当事者については、まだまだ理解が浅く、被害者のケアは全く行き届いていないのが現状です。なんなら加害者として刑務所に入ったほうが、住む家も食事も仕事も与えられ、治療までしてもらえるのに、被害者は訴えたとしても被害後のケアもなく、カウンセリングなど自力で探して、自腹で何とかしなくてはなりません。

外に出ることも、仕事をすることもできず、生活保護を受けたとしても、うつ状態で人間としての喜びや楽しみとは程遠いところにいる被害当事者も多く存在します。

私の場合は、被害を訴えることもせず、沈黙の先に、三〇年以上も生きづらさを抱え、そこから這い上がってくるのに、長い時間とカウンセリングや、セラピー、研修、本の購入など、夫の支えがなければ、心の傷と共存できる今に至ることはできませんでした。

出会いに感謝

四〇歳過ぎて、やっと、自分を大事にしようって心の底から思えるようになりました。それは、一人では絶対できませんでした。夫の努力と根性と忍耐と涙と（笑）、息子たちの「どんなお母さんでも大好き」って言ってくれる愛情と、こんな自分を何とかしたいと、もがいて迷って探して、出会えた、カウンセラーやセラピスト、臨床心理の先生や、多くの方々。たくさんの人とつながることで「幸せやな～」「生きてるって素晴らしいな～」「ありがたいな～」と感謝できる自分に成長させていただきました。

私には、人とつながる力がありました。立ち上がる勇気を持っていました。自分の可能性を信じることができるようになって、他者の可能性も信じられるようになりました。

復讐心って、苦しいししんどいです。苦しくてしんどいってことは身体も疲れます。復讐心でグルグルだった頃は、しょっちゅう頭痛や胃痛や高熱で寝込むことが多かったです。でもその復讐心でグルグルだった時間も、そこをしっかり味わいきったからこそ、今に至ることができたと、大切に思えるようになりました。

いつかの死にたい星人は、めっちゃ生きたい星人に変身できました（笑）。

目標一〇〇歳！　元気で、アホな婆さんになる！　イエ～イとかいう婆さんになる！

気持ちよく人とつながることで、自分も気持ちよくなる。笑顔を見せたら、笑顔が返ってくる。

環境は自分を映す鏡。自分が変わりたいと思って、助けを求めて、愛ある人に出会えたら、必ず自分を変えることができる。誰もが被害者にも加害者にもならないでほしい。

自分に内在している素晴らしい命の輝きに気づいてほしい。

「泣いていいとよ～！」

泣き言も、泣くことも、ネガティブも、すべてが受け入れられる社会を創る一歩を、小さな活動ではあるけれど広げていけたらな～と思っています。


皆さん、出会ってくれて、ありがとうございます‼

夫のぶちゃん、三人の息子たちに最大級の感謝を込めて。

「どうやって回復を支えたのですか?」

田村展将

私は妻の講演会や、講座を受けた方からよく同じ質問を受けます。「どうして回復のサポートができたのですか?」や「どうやって回復を支えたのですか?」などです。

それは妻のことが大好きで、ずっと一緒に過ごしたいと思っているからです。そして僕にそういう思いを抱かせてくれる妻をリスペクトしているからです。

今まで、妻が急に怒り出したり、自傷行為が始まってしまったり、家出したり、死にたいとなったことがあります。私にとってパートナーがそういう状態になってしまうことは初めてだったのでとてもビックリしました。

普段の私たち夫婦が会話している中で、私の言動が、妻にとってスムーズにいくときと、引っかかる部分があるときがありました。そして引っかかる部分を流していけるときと、いろんな状況が積み重なって、流せずプチッと怒りのスイッチが入ってしまうときがあります。その時、妻自身も自分をコントロールできなくなってしまうのです。

ちなみに、我が家では私が妻の怒りのスイッチを入れてしまうことを「地雷を踏んでしまう」と言っています。

妻が素晴らしいのは、翌日か、数日後か落ち着いたときに、スイッチが入ったときのことをきちんと話してくれるところです。どういうことが嫌だったか、どういうふうにしてほしかったかを。そこで私も、自分の悪い癖などを知ることができ、次から直そうと心がけることができます。

それでもすぐには直すことができなかったので、また地雷を踏んでは、修正をするというのを何度も繰り返しました。

妻が何度もチャンスをくれたおかげで、今はどういう言動が妻を苦しめてしまうか、逆にどういう接し方なら妻がリラックスできるかがわかるようになりました。

私たち夫婦の間には、どんなことがあっても諦めずに、コミュニケーションをとってお互いを理解しようとし、リスペクトしあい、二人で良い方向に進んでいこうという強い意志があります。ですから今とても毎日幸せに暮らすことができています。これからも生きている限りいろんなことがあるとは思うのですが、妻とはどんなことも乗り越えていけるという自信があります。自信をつけてくれた妻には心から感謝しています。ありがとう。
いつまでも一緒に楽しくやっていきましょうね～。

柳谷和美のホームページ「虹をみつけて」http://www.niji32.net/
柳谷和美のブログ「おやこひろば桜梅桃李～おうばいとうり～」
https://ameblo.jp/tamukazu/

■週に二回、Ｚｏｏｍで開催している私の無料ヒーリング・ヨーガクラスのギャラリービューに、今日も和美さんの笑い顔がある。時には九〇人もの参加があるビューなのに、その満面の笑みは小さな四角のスペースからはみ出す輝きを発していて、遠くからでも和美さんだとすぐにわかる。彼女の性暴力をテーマにした講演は、その輝く笑い顔で始まり終わる。のり始めると博多弁が縦横無尽、時にはプロ並みの歌も歌う。夫や息子たちの笑顔の応援も顔出し写真で登場する。ぶっちゃけてしまうことの突き抜けた明るさをパワーにしている和美さんの存在に、今までどれだけの人が、笑って、泣いて、元気をもらっただろう。（森田ゆり記）

2、ワタシハ……多重人格だった

鈴木三千恵

二〇二〇年二月九日、還暦の誕生日から書いていきます。
三千恵からたくさんの人に伝わりますように。

多重人格に
出会ったことはありますか？

イメージはどんなものですか？

私は二〇〇二年に初めて森田ゆりさんのセラピーを受け、自分の身に起きていたことが普通ではなく、かなり過酷な子ども時代だったことを知った。
セッション中に、手渡されたバスタオルが涙と、鼻水でグシャグシャで、ものすごく重たいと感じた感触は今でも忘れない。
最初はインナーチャイルドと出会い、内なる子どもと大人の自分との対話を繰り返すうちに当初ひどかったうつが治り、普通の生活ができるようになっていった。

一度落ち着いて、いろんな活動もポチポチとできるようになっていき、養育里親としても登録をして、五歳と一歳の姉妹を委託された。その頃はまだ虐待防止法が改正前だったので、何とも親の意見が強くて、理不尽さを抱えて児童相談所とも関わっていた。

里子の五歳の姉は本当に「わたしのような子」だった。

つまり彼女が妹の世話をし、オムツを替えミルクを作り、ご飯を食べさせ、そしてその年齢にはふさわしくない性の知識を持ち合わせていたことだ。

買い物に行くと、さっさとかごの中のものをレジ袋へ、しかも重いもの、軽いもの、硬いもの、柔らかいもの、すべてを振り分けて入れて、何も言わず先頭を切って、車へと歩いていく。

そのスピードの速さ。駐車場にある車を見分け、どんどん歩いていってしまう。

その姿を見て、この子は家庭で大人の役割を果たして生きてきたんだなと、唖然とした。

その子が大きな買い物袋を両手に持って、大人である私と夫は、手ぶら？

何とも表現しがたい風景だった。

「指輪をした手で叩かれるととてもいたいんだよ。どうしてかぁかは指輪をしないの？」と聞かれたことがある。五歳も年が上の私の娘よりも、自分のほうが強いのだと、「猫ぶっ殺す」と脅しをかけてマウントをとろうとした。一歳の妹の世話も、私たちがするから、「頑張らなくていいというと、とてもさみしそうな表情をした。子どもらしく育つということは、人間形成をつかさどる中で本当に大切なものだったんだなと、あの子たちのおかげですごく考えさせられた。

暴力を振るう父

私の子ども時代は、両親の暴力的喧嘩を毎日見て育ち、弟の世話をし、夜は大人のいない状態で、そして母は私にはまるで関心がない。毎日の食事も食べていたのか、いないのかも記憶にない。

食卓を囲んでご飯を食べたという記憶がない。あるのは大きな文化鍋が飛んでくること、割れた茶碗の片付け、ＤＶでけがをした母を連れての通院、そして血だらけの床の掃除。母はなぜか、汚れた茶碗かごを三つ、シンクの下にある棚に隠していた。

そしてそれを発見した父が怒鳴る。汚れた茶碗があるのだから、食事はしていたのだと思うけれど、弟、私、母の三人、父を含めて四人で食事をとったという記憶が全くない。

食事は怖いものだったのかもしれない……。

今でも、家族そろって食事をとることを意識していないとよく娘に注意される。

「かーちゃん、みんなでおいしく食べるんだよ」と。

父には一緒にお風呂に入ることを義務付けられて、中学生になると性の道具にされた。その後、教師、施設の指導員、通りすがりの人にもレイプされて、「さっさとやれば？」と一〇代後半では、人生を捨てていた。男なんてみんな同じ。

自分への扱いは、そんなに投げやりではなかったと思うのだけれども、朝起きたら血だらけの自分がいた。私はアルコールを分解できない体質なので、お酒を飲むということをしないはずなのに、いつの間にかウイスキーを買ってきていて、そのウイスキーを飲んだらしいという痕跡と、そういうときは腕にいろんな傷を作っていて、そばにはカミソリが転がっていた。

あちこち血だらけで、自分でも何をしたのか、何をしているのかわかっていなかった。


二〇歳で異母妹を引き取り、その後結婚して娘を出産して、今に至るわけだけれども、波乱万丈すぎて、笑ってしまうくらいのズタボロ人生だったなと思う。

父が異母の妹の母親と離婚して、その妹があちこち、住むところが変わっているらしいと聞いたときに、車で六時間かかる実家に行き、「お姉ちゃんと暮らそうね」と半ば拉致のように連れてきて二人暮らしを始めた。若かったし、不適切な養育もしてしまったという後悔はないと言えば嘘になる。

それでも私はきっと妹を父親の暴力から守りたかったのだと思う。

仕事でも活動でもすごく一生懸命頑張るのだけれども、人間関係がうまくいかなくて、いつも「三千恵さんのようにはできない」と言われていた。

別に他人に同じようにやってほしいなどと思ったこともないのだけれども、「本当は優しい人なのに……」と残念な人扱いをされていた。

夫もトラブルばかり起こしてしまう私を、あきれて見ていた。

その表情はすごく私を傷つけたと同時に、私は生きているだけで他人を傷つけてしまう存在なのだと思い、悲しかった。

私の中の別の人格

金銭感覚も自分自身が何に使ったかという記憶がなく、気がつくとお財布の中にあった一万札が消えているということも数えきれないくらいある。

それは私の中の人格さんが使ってしまっていたのだということが、後のちわかる。

高校生の時に、母が苫小牧の駅で私を待ち伏せして、父親には内緒で母との密会を続けるという習慣があった。

母は地元から離れたところで、私に会うチャンスを生かそうとして、私はそれが父にバレルと殺されかねないという恐怖の塊。

母からもらったお小遣い（欲しいわけじゃないのに）を友人たちにふるまって食べるものへ変換して、家には持って帰らない選択をしたという高校時代。

私のお財布にお金が入っていてはいけない、私はお金を持っていてはいけない人間なのだという思い込み。これが私を苦しめた。

入ったお金をさっさと使ってしまう人格がいたんだなと、最近わかった。

人間関係を壊す、金銭感覚が異常におかしい、掃除ができなくなる、物を捨てられない

（一緒に住む人が増えるとなおさら）。

自分自身で物事を決められない、これは職場ではできても、家庭に入るとたんにできなくなったりしていた。

お金のことで言えば、「かーちゃんは、穴の開いたお財布だ」とよく言われている。

何とかしたいと思ってはいてもなかなか長い間の習慣を変えることが難しい。

二〇一九年二月に掃除をするということを克服した。油断すると、すぐ物が散らかるのだけれども、前もって約束したお客様を迎えられるくらいには片付けられるようになった。

主治医は、「心の中が整理されてきたから、片付けもできるようになったのかもしれないね」と言う。

外の世界では結構頑張れる私でも、家の中では何もできない役立たずになってしまうことが自分自身をとても苦しめた。

そう言われてしまうこともわからないでもないけれど、長い時間すごくつらかった。

こんな人生だったけれども、今は幸せだと感じている。


私には、六人の人格さんがいた。

今は分かれなくなってから約三年の時間が過ぎたので、少しずつ「人格一人」にも慣れてきたけれど、当初は「感情があちこち混じって感じる」ことが何とも不思議だった。

自分に足りないと思うものは、すべて学びに行き、アサーションとか、子どもへの暴力、人権に関わること、CAP《キャップ》プログラムなど長い時間をかけて、自分の置かれていた状況を把握したあと、徹底してアウトプットした。

人をやり込める会話しかできなかった私が、他人を尊重するようになり、そして自分を労るようになり、嫌だと言えるようになるには、一五年くらいの月日が必要だった。

もう一人の私

里子の「わたしのような子」と出会ったのは一七年前だった。その子が今二一歳。私が実名で発信し始めたため、ツイッターで見つけてくれて、最近連絡が取れるようになった。

誕生日に生まれ変わりたいと伝えてきた。あの当時、「あなたは大切な人ですよ」と彼女に毎日伝えていた。

私と誕生日が二日違いだった。私たちには実子である娘もいた。

あの子はお母さんから「あなたのために妹を産んだんだ」といつも言われていたと話してくれた。あなたが一人だと寂しいと思って、妹を産んだ。それは一見子ども思いなのかもしれないけれど、私は大人の都合を背負わされている気持ちでその話を聴いた。

あの子たちのお母さんは五人の兄弟姉妹がすべて異父。そして一八歳までの人生を乳児院、養護施設で暮らしていたと聞いた。五人は同じ建物の中で育つことはできても、施設では兄弟姉妹という感覚では育たない。なぜなら施設では、年齢、性でグループ分けされて生活するからだ。

二人姉妹の里子がいる間、私は映画会、子ども劇場の例会、集まり、いろんなところ、いろんな人に出会えるように、連れて歩いた。

そんな時に、「わたしもかぁか（私）から、生まれたかったな。ねぇね（娘）はかぁかから生まれたんだよね。いいなぁ〜〜〜」と呟いたことがあった。

私は「そっかぁ〜〜かぁかかから生まれたいって思ったんだね。かぁかから生まれたらどうしたいって思うの？」と尋ねた。

すると……、「おめでとうございますって言われたい」

この時に、「この子は、自分が生まれてきた意味というものを知りたいのかもしれない」そう思った。

なので、本人の気が済むまでそれに関わろうと思った。

「生まれましたゴッコ」を何度も何度もした。

「生まれます、生まれます、生まれました」と毛布の中にくるまり、「おめでとうございます」を一〇〇回以上言い、拍手をした。そして笑った。

その時間のことは今でも愛おしい。

その子が時々、目をうつろにし、ソファに座っている姿を見た。

意識が飛んでいて、その表情は何とも言えない。

名前を呼べば、我に返る。

よく私たちに言っていた。

「痛いのを痛くなくする方法があるんだ。教えようか？

痛くないって思うとね、身体がふわっとして、本当に痛くないんだよ」

当時は、それを解離だとはっきりとわからなかったけれど、彼女が心ここにあらずになっていくので、地球に戻ってきて〜〜と名前を呼び、宇宙に行く必要はないから、戻ってきて〜〜と言葉をかけると「はっ」として、はにかむ。

年齢五歳にして、受け止められない暴力から逃れるための術を持っていたのだった。

その当時の私は私自身の解離や人格交代にも気がついていなかった。

「怒る」人格

私の人格交代は、娘が中学で不登校になったときから、顕著になっていったと、家族に言われた。私自身は交代が終わってから「他人事」のような感覚で、娘や、夫から聞かされることなので、「え？　そうなの?!」ということばかりだった。

特に怒りの感情を持った人との交代のあとが嫌いだった。

人との関係性を壊してしまうその彼を認めたくない。その怒り方は実父とそっくりで、「なんだてめぇは‼」という汚い言葉を使っていたのでさらに大嫌いだった。

彼を否定的に思っていた間は、人格さんたちともうまくいかない。彼は夜中、見張りをしていた。まるで兵隊のようだった。ほんの少しの物音にも目を覚まして危険を避けようと身構えている。

でも現実の私は不眠に悩まされて、薬を飲まないと眠れないという状況が長く続いた。どんなに薬を飲んでも熟睡ができなかった。

一人目の人格さんは、最初に出会ったインナーチャイルドさんと同じ人で、一〇歳の私一千恵さん、その次が怒りの人格さんで一三歳くらいの男の子、この彼は一番つらい人生を送ってくれた人、二千恵さんである。そして四人目の私は主人格四千恵で、今の私を作っていた社会での生活全般を担当し、五人目、六人目は四人目がピンチになると、すっと変わり、サッと消えていくと娘が話してくれた。

それぞれがとても似ていて、特に五人目、六人目は見分けが難しく、大ピンチの時にしか出てこない。肝心の三千恵さん本人はモグラのように隠れていて、日の当たる場所には出てこないかなりのオタクで、自信のない人格さんである。

このように人格がたくさんいると自覚してからは、「怒りの人格の二千恵さんが出なければいいいな」とずっと思っていた。

ある時私はあたり屋に出会う。

車が事故に巻き込まれて、たくさんの男性に囲まれるという事態が起きた。

背の高い男性が何度も怒鳴る。そして車をどうしてくれるんだとすごむ。

警察も呼ばず、ただ怒鳴る。

私はその状況でただ、怒鳴り散らすのをやめてくれるまで待つしかないと思っていた。

ところが……、

「誰か助けて！」と思った瞬間、二千恵さんが登場したのだ。

彼は同じことを何度も言われ、五回言われたら、出ようと思っていたようだった。

「何だてめぇ……」といきなり怒鳴り返した。

すると、その相手は、豆鉄砲でも食らったように黙った。

「ふざけんなよ、なんでてめぇに何回も怒鳴られなきゃならないんだ」と言い返す。

周りの人も驚いたのかもしれない。

そして、通報により駆けつけた警官が数名私のそばに来た。

それも背が高くて、囲まれるとすごく嫌な環境だった。

またそこで、二千恵さんが大きな声を出した。

「悪いんだけどよぅ、大きな男の人に囲まれると、今に救急車を呼ぶ羽目になるから、離れてくれないか？」と。

するとと若い警察官が、話しかけてきた。「パニックとか、そういうのあるの？」

「そうそう、この薄暗い夕方も苦手なわけ」と、説明していた。

この時の二千恵さんは非常に的確で、非常に冷静だった。

たまたまその事故現場に遭遇した娘も、親の非常事態をすぐに把握して「わたしのお母さんは大きい男の人が苦手なんです」と警察官に説明してくれていた。

薄暗い夕方というのは、母に置き去りにされた瞬間を思い出すもので、この時まで自分ではそういう記憶があるとは認識していなかった。

そして、現場検証をしなければならない状況ではあったのだけれども、もう倒れる寸前だったこともあって、二千恵さんが「今ものすごく具合が悪いので、これ以上ここでの対応は無理です」とまた冷静に伝えてくれていた。

のちに、この事故に巻き込んできた人は「車検」のない車を運転していたということがわかり、私は現場検証に行くこともなくなった（車検のない車だと、もっと早くわからなかったの？という疑問は湧いたけれども……）。

こんな時、それ以前だったら「なんでその時にわからなかったんだ！」と二千恵さんが怒鳴っていただろうと思うけれども、それもなかった。
私にとってはとても不思議な体験だった。

「たくさんの私」と一緒に

そしてあとで思った。人格交代していたはずだけど、うっすらと記憶があるってこれは何？

精神科のドクターは、虐待を受けて育ったことと今の状況やうつは無関係だと言い切った。もう自分で自分を観察する以外方法はなかった。当時の臨床心理士さんは、検査はしてくれていて、ＤＩＤ（解離性同一性障害）であることは私に伝えてくれたけれど、そのことについての詳しい説明はなかった。

あとでわかったことだけれども、その状態を患者に伝えてしまうことが必ずしもベストではなくて、私のようにあれこれと調べてしまう人にはあまり事実を言わないという治療法もあるようだった。

それは埼玉の狭山にある心理研究所で多重を一人の人格にできるという人に出会ったときにも言われたことがある。

あなたには治療法は伝えられない、自分で調べてしまうから。

あなたのお父さんも多重だったかもしれないね。

男性が苦手なのに、なぜそんなに近寄って座るの？

離れていいんだよ。

もっと遠くでもいいんだよ、安心な距離にいることって大切だからね。


「もっと楽になっていい」と言われ、数回通ったのだけれど、男性だったこともあって、安心感を持てず、私はそこで一人の人格にならない選択肢を選んだ。

その当時、森田ゆりさんに相談したら、「無理に一人にならなくても生きていける。かつては主人格に統合することが回復だとされていたけれど、一人格に無理に統合することがベストの治療ではない。他の人格たちが納得していないのに統合されると思うと、怖くなって抵抗する。人格たちをねぎらう言葉かけをして、いつもコミュニケーションを丁寧にとっていれば自然と出てこなくなる」と教えてくれた。

なので私は一人になるのを諦めたというよりは、一人にならない選択肢を選んだ。

その時から、「たくさんいる自分」に言葉をかけた。

脳みそは一つ、身体も一つなのだから何とかなるよね。

夜寝るときは、「もう怖い人はいないから寝ても大丈夫、眠れないと身体が大変だから寝てくださ～い」と布団に入る前に独り言を言う。

「もう緊張しなくても大丈夫ですよ～」とか。


思い出した。高校時代、朝早く列車に乗るために家を出るときに、私はずっと独り言を言っていた。楽しいことを想像したり、危険を回避するためにブツブツ言いながら歩いていた。


それは、小さな子どもだったときに冬道に置き去りにされたときも同じだった。

そこから逃避するために、たくさん楽しいことを想像して黙々と歩いた道。

そうだ。

私は私を救っていたんだ。だからもう大丈夫。

私は私を助けることができる、私にはその力がある。

そうやって自分の力を信じる。


そんな決意をしたのではないかなと、今振り返るとその時の感情に触れることができる。

数人の人格がいるから、孤独にならないでね。必ず二人以上で行動してね。

私の命を守ってくれてありがとう。

ずっと一緒だから安心して。もういらないなんて思わないから安心して。
自分が自分で苦手だなんて思わないから安心して。
私は私が大好きだってこれからそう思うから。
大好きだって思うから。
怒りの人格の二千恵さん。
一番つらいときを担当してくれて本当にありがとう。
一ちゃん（一千恵さん）を守るために交代してくれたんだね。ありがとう。
すごく嫌だったね、すごく腹が立ったね。
すごく怖かったね。
そう言って、二千恵さんをたくさんねぎらった。

幸せになるんだ
私にはたくさんの人格さんがいたから、今、命がある。
それはとてもややこしいことでもあったけれども、人格が分かれていなければ死んでいたのかもしれない。
何度か私は自分の状況についてゆりさんにも報告していたのだけれど、その時に「最初に会ったときに、こんなにも過酷な子ども時代の日々だったのに、生き延びてきたあなたが驚きだった。それも社会生活では、仕事も子育てもそれなりにやってきた。きっといくつもの人格に分離して、苦しみの恐怖や怒りを分担してもらえたから、生きてこれたんだね」と。

今生きていることがとても不思議なくらいのつらい出来事の連続が私の人生の大きな部分を占めていて、それでも生きたいという私の意志によって人格が分かれたということなのだと、整理ができた。

ならば、自分を愛おしいと思わずして、私は私の人生を語ってはいけない。

娘を愛してきたように、自分を愛おしく思い、自分を受け入れて自分大好きになっていこう！と思ったことが人生の転換期につながった。

五〇歳を超えたときに、半世紀も生きることができたのだから、あとは好きなことをやっていこうと決めた。未来は自分が作ることができるんだ。

ゆりさんは、私に「大丈夫。先のことを不安に思わなくても、あなたの生きる力、レジリアンスはすごいから」。そう教えてくれた。

そして私は元気になったら、この函館で小さなゆりさんになる。そう決めていた。

「大丈夫は魔法の言葉」

「あなたの力を信じるよ」

娘の不登校によって知った「子どもの人権」を守る大切さ。

そして子ども自身の力を信じる感覚。あなたは大切な人だと伝えていくこと。


私は今、数年前から函館地区里親会の会長、二〇二〇年にスタートした不登校の相談員、そして北海道里親会連合会の会長を務めている。

虐待をされ続けたらどうなるのかは私が一番知っている。

子どもの人権を守ってくださいと常に発言してきた。

ネット上で知り合った虐待サバイバーさんと、Ｚｏｏｍで講演会を開くという活動も始めた。

自分がつらかったということではなくて、適切な治療さえできれば私たちには回復する力があるということを知ってもらいたい。それには一歳でも若いほうがいい。

そして精神科のドクターに治してもらうという発想ではなく、自分で自分を認めていくこと。親のせいで、誰かのせいでこうなった、ということにこだわってしまうと回復は遠くなる。もちろん親だったり、他人だったりそのきっかけを作ったのは私たち自身ではない。それは事実である。

けれども、誰かの力を借りて未来を作ることを考えるのは大賛成。カウンセリングでも占いでも、何とかセッションでも何でもいい。自分自身を俯瞰するもの、分析するもの、思考の癖、そして誕生日などから導き出される自分の使命などを知ることができたら、もっともっと回復は加速する。自分では苦手だと思っていたことを誰かに「得意だよね」と言われて、欠点だと思っていることを強みに変えてもらうのもいい。

自分自身を知る。そしてそれは強みだと知ると見えてくる景色が変わってくる。

私は一人の人格になりたくて頑張っていたわけではなく、何とか自分を楽にしてあげたかった。自分を好きになりたかった。好きになるということは自分を赦すということにもつながる。

そして他の人が幸せになるためにと思って必死で身につけてきたいろんな技を、これからは自分のためにも活用すること。

五四歳にして、メイクを覚え、外見から変化するということも知った。

服装は自分が似合うものを選ぶという考え方も身につけた。

心が整理できていると自然に片付けもできるようになるということも知った。

お金はお金さんありがとう、行ってらっしゃいという気持ちで支払うと気持ちがいいこともわかった。

不安を口に出していると、その不安が寄ってきてしまうことも理解した。

できない自分を責めるのではなく、できない自分を赦すことで、見えてくる景色が変わってきたということも人生を楽しくする。

私たちは幸せになっていいのだ。


幸せになると決意したらわかったことがある。

家族も友人も、私を知っている人みんなが私を気にかけてくれていたという事実。

独りぼっちなんかではなく、ただ私が「一人でも平気だもん」とバリアを張っていたために声をかけられず、ただ見守っているだけしかできなかったんだということ。

他人からの優しさを受け取る勇気があれば、それは簡単にできるようになるということ。

幸せになっていい。

そう言葉に出すと、なんとなくそんな気分になれる。

幸せになるんだ。

そう言葉に出すと、なんとなくそうなんだという気分になる。

よく自分が出した言葉は現実になると言われるが、まさしくその通りだと実感する。

あるセッションを受けたときに「三千恵さんは、娘さんにこの地球での魂の徳を積ませてあげるためにつらい人生を選ぶ運命だったのかもしれませんね」と言われたことがある。娘の徳のために私のつらさがあったのなら、それはそれでいいかなと笑えた。

私は娘が大好きだ。

その大好きと同じくらいに小さい私は父に愛されたかったのかもしれない。

父と最期の会話

父は晩年、認知症からなる肺炎で三〇分心臓が止まったことで、植物人間のようになった。意識がないなら怒鳴られることもないだろうと函館から夜行の急行列車に乗って札幌の病院を訪ねた。

朝早く着いたので、父の朝の洗面の時間にホットタオルを何気なく受け取ってしまった。介護の仕事もしていたこともあって、ついうっかり手渡しされて受け取った。

仕方がないので、そのタオルを使って父の顔や首を拭いてあげていた。

私はこういう状況になると、嫌ですというよりも、「はい、わかりました」という習慣がある。
父の顔を拭きながら、これもまた職業病的な習性で、言葉をかける。
「パパ、これから顔を拭くよ〜〜、
あのさ……、お姉ちゃんね、パパが嫌いだったわけじゃないんだよ。
ただ怖かったんだよね、だってすぐ怒鳴るからさ〜〜、
怖かったんだよね、嫌いじゃないんだよ。
パパ、神様にパパをよろしくって頼んである（祈っている）からさ、
安心して神様のところに行ってよね。
今、あー（妹）も大変だから、あーこが忙しくないときを選んでね。
あーちゃんは一番パパのことをわかってくれていた人だからさ、
あーこが大変にならないときを選んでね。

もっと早くにこんな話ができたらよかったんだけど、
どうしても怖くて近寄れなかったんだよね。
今度、もしまた親子になれるとしたら、
もっと何でも話せる親子になろうね」

黙って顔を拭いたり、身体を拭いたりができず、話しかけていた。

これはたぶん私自身の本音だっただろうと思うのだ。

もっと普通の親子でありたかった。

普通に会話して、普通にご飯を食べて、普通に親孝行して……。

誰しも「当たり前」にしている親子でありたかった。

こんなふうに思っていても、実際のお葬式には通夜の読経までが精いっぱいだった。

母の時は葬儀には参加せず自宅で同じ時間に見送った。


私は自分の中に、母に対しては、自分たちを置いていったくせにあれこれ口出ししてくるので「ふざけんじゃねーよ」という気持ちを持っているのを知っていた。

だから葬式をぶっ壊してしまうかもしれないとか、その姿を娘には見せたくないという気持ちも強かったので、参加しないという選択肢をとった。夫と娘が代わりに出席してくれた。

そんな母の葬儀の経験から、父の時にも結構迷った。妹や、弟、親戚の中に自分の大切な家族を巻き込むのが嫌だと感じていた。

それでも、私にはいろんなことを案じてくれている家族がいる。

具合が悪くなったら途中で帰ればいいと夫も娘も言ってくれたこともあって、参加してみた。

親戚の中にいることがつらかった。通夜も読経までは何とかなったけれども、説教になると故人は素晴らしい人でという話になっていく。それが何とも耐えがたく動悸がしてきた。それを娘が察知してくれてすぐさま部屋を出たほうがいいよと合図を送ってくれた。

通夜が終わり親戚が出てくる前に、車の中に避難していていいよと、私を守ってくれる夫、娘、妹たち。

そして次の日に先に家に帰っていいよと判断してくれて、私は親戚の中にいる地獄から脱け出すことができた。

この父の葬儀をきっかけに父の弟の奥さんと話ができた。

三千恵ちゃんの家に行くとね、みさこさん（母）がいつも怒っていて、本を読んでいる途中なのに何で来たのか？ってね……。

そしていつも三千恵ちゃんがさみしそうにしているのを帰り際に見るのがつらくて遊びに行くことができなくなったのよね……という話が聴けた。

あ……そうなんだ。知らなかったわけじゃなくて、知っていて、気にかけてくれていたけれどってことなんだね。

あと二人の叔母も父の性暴力の被害者だったんだということもわかった。

一人目の叔母は独身の頃、私の父母と同居していて、「新婚だったのに邪魔な妹がいて」という母のいやみの言葉をよく耳にしていたそうだ。その叔母は足に障がいがあったのだけれども公務員になって、女性として頑張って仕事をしていたと私は思っている。よく電話でおせっかいを焼いてきたけれども私も母親になっていたので、論理的に納得のいかないことは反論をしていた。実家の親戚の中では話し合いができる方だった。

その叔母に「あんたは常識がない」と言われたとき、「おばちゃん、常識常識っていうけどね、父親なのに娘とセックスするような人間を育てたおばあちゃんや、おばちゃんたちって変じゃないの?」と言い返したときだった。

「え?　三千恵もなの?」と。

私は「おばちゃんもなの?」と絶句。

その後もう一人の叔母からも電話があり、それぞれに「忘れなさい」と言った。でもそれは無理じゃないか??

忘れなさいっていうあなたたちが止めてくれなかったから、私まで被害に遭ったんだよ、被害は止めていかないともっともっと被害者が増えるんだ。

そんな憤りでいっぱいだった。それ以来、私は父の親戚とは会話をしていない。


隠していいことなんて何もないと私は思う。だから実名で取材されたいし、電子書籍にも真実を書いていくと決めた。そのことが私を大切にすることにつながるからだ。

普通に息をして、普通に大人になっていくための、普通の常識を手渡せる大人がたくさんいてほしい。回復は何歳からでも可能。でも一歳でも若ければ、より幸せを実感できる時間が長くなる。私は私に関わってきてくれたすべての人に感謝する。もちろん私の親にも、この世に命を生み出してくれてありがとう。

私の生きてきた道が誰かの背中に「大丈夫」を届けることができるなら、いつでも、喜んで応援します。生きていてくれて、出会ってくれてありがとう。

娘からの無償の愛

娘が最近こんなふうに私に話してくれた。

もっと家族を信じていいと思うよ。
かーちゃんは確かに無償の愛を親からはもらえなかった、それは確かだよ。
まー（娘）はかーちゃんから生まれたけど、
無償の愛は、親からだけじゃなくて、娘からだって渡せるから。
時々かーちゃんのかーちゃんになってあげるからね。
そして無償の愛を渡してあげるからね。

こういうことを親に伝えてくれる娘を育てさせてもらって感謝しかない。
今、私は幸せだ。たくさんの人に知ってほしい。

私たち被害者は幸せになるために生きてきた。
今までも、これからも、
命があってラッキー、
命があれば何でもできる。
そんなこと信じられないと、
何度も自分を裏切ってきたけれど、

今は自分大好き。
幸せだよって叫べる。

だからたくさんの人に知っていてほしい。
私たちは幸せになっていい。
どんな人にも素敵な人生を歩んでいけるように私は応援したい。
娘に出会うために、苦しいことがあったんだと想えれば、それはそれでよかった。
そう思えるくらい私は娘の母であることに何よりも感謝している。
私は私の家族に感謝してもしきれない。
見捨てないでくれてありがとう。

我が家はいつもソーシャルディスタンス

鈴木健二

妻の幼き日の傷を、表に出すように仕向けたのは夫である私です。

当時テレビで流れていた『高校教師』という近親かんを取り上げたドラマを、背中を凍らせて見ている妻に、ただならぬものを感じたからでした。

ちょうど運良く、子どもの虐待防止の講演会で地元に来た森田ゆりさんに懇願し、妻を兵庫まで通わせて、幼き日の自分を抱きしめるセラピーを受けさせました。今振り返ると、よく思い切ったものだと思いますが、やはり最初に森田ゆりさんとつながったことが、彼女にとっては一番強い根っこになったと感謝しています。

その時から約二〇年。妻は、今や性虐待サバイバーであることを実名公表し、里親会活動やさまざまな虐待防止の活動に汗を流しています。

家庭での課題や、経済的な課題、彼女の性格や気性の問題など、妻に言いたいことは、蓋を開ければキリがないほどあふれ出てきますが、彼女が、子ども時代に自分の身に起きたさまざまな悲しい出来事を昇華し、それらのことが少しでも少なくなるようにと、語り部として生きる決意をしたことは、夫としても大変な誇りです。

夫の私は、そんな彼女とは少し距離をとり、彼女への愚痴をほどほどにして、それぞれの自立生活を楽しんでいこうと思っています。

鈴木三千恵のブログ「誰もが幸せいっぱい宣言」素敵な人生のメイキングクリエイター
https://ameblo.jp/kasuminopiano
電子書籍　鈴木三千恵著『ワタシハ・・・多重人格だった』

■私の主催する研修に函館から参加された三千恵さんと一五年ぶりぐらいに再会して、あまりに美しくなっていたのでびっくりした。もちろんセラピーに通われていた頃も美しい人だったのだけれど、今は華やかー！という感じ。

彼女が初期のセラピーセッションで語った、家庭内の慢性的性虐待とネグレクトの子ども時代は、逃げ場のないあまりに過酷なものだった。と同時に、市の専任手話通訳者だった彼女はそのキャリアへの強いプライドと責任感を持っていた。聞こえない人の立場に立った手話のあり方への信念をよく語った。

彼女の子育てパワーにも感心した。自分は母親から捨てられていたのに、母違いの妹を父親の虐待から救い出して育てたこと。実の娘の子育ては言うまでもなく、里親として夫と一緒に七人もの里子と関わってきたこと。あまりに過酷な子ども時代を生きたのに、日々の社会生活をそれなりにやれてきたのはなぜだろう。この人のレジリアンスはどこから生まれているのだろうと思いながらのセラピーだった。そして、彼女が複数の人格の存在に気がつき始めて連絡をくれたとき、その秘密を理解した。（森田ゆり記）

3、未来は一つじゃない

工藤千恵

あの日を家族と分かち合う

一一月一二日。この日は大好きなケーキ屋で特注ケーキを買う。苺がたっぷりのったミルフィーユ。自分のためのお祝いケーキ。

誕生日ではないけれど、家族が一緒に祝ってくれる。ケーキの上には「Happy Re Birthday」のプレートがお決まり。この過ごし方も、今年で六回目になった。

「自分が被害に遭った日を祝うなんてどうかしている」

そんなふうに思う人も、もちろんいるだろう。私だって、被害に遭ったことがＨＡＰＰＹだとは思っていない。被害に遭った日だと知って、初めて一一月一二日を迎えた年は、一日中落ち着かなかった。いや、その日だけじゃない。一週間くらい前から、ずっと調子が悪かった。

〝あの日がいつか〟を知りたかったのに、実際に知ってしまったら、どうしたらよいのかわからなくなった。

毎年こんな一日を過ごすなんて、まっぴら。どうしたってその日はやってくるのだから、自分のほうから待ち構えて迎えてしまいたい。そう感じて、回復してきた自分を祝う二つ目の誕生日にしようと自分で決めた。

みんなに勧めたいわけじゃない。これが私なりの過ごし方。

「Re Birthday」は、再生・復活・再誕の日。

あの日から今年で四〇年になる。

八歳だった、あの日の私

八歳の時、私は塾帰りに誘拐され、性暴力被害に遭った。《みんな自転車で羨ましいな》。そんなことを思いながら、一人で歩いて帰っていると、見知らぬ男性に道を聞かれた。「遊園地へ行く道を教えて」と言われたが、時刻は夕方だし、そもそも、おじさんが一人で遊園地へ行くことも違和感があり、場所は知っていたけれど、「私、知りません」そう答えた。

そのまま帰ろうとした次の瞬間、右の手首をつかまれ、「声を出したら殺すぞ」と、すごまれた。怖くて動けない。「助けて」と言おうとするけれど声が出ない。涙だけがぽろぽろとこぼれた。連れ去られながら、何人もの塾の友達とすれ違う。《どうしてみんな助けてくれないの？》。怖さと悲しさでたまらなかった。

男は私の腕を引っ張りながら、どんどん歩いていく。「殺すぞ」という言葉が頭の中でぐるぐる回った。一キロほど歩かされて、畑のビニールハウスとビニールハウスの隙間に押し倒された。草がひんやりと冷たかった。男はナイフを持っている素振りをして、「下着を脱げ」と言った。スカートをはいたまま下着を脱いだ。《何をするの？》。心の中で呟いた。何とか勇気を出して、

「お父さんとお母さんが心配するから帰らせて」と言ったけれど、解放はされず、とても悔しかった。

加害者の男は、大柄ではなかったと記憶している。それでも、八歳の私にとっては体格差や力の差は明らかで、じっと耐えて男を興奮させないようにするしかなかった。少しでも身体を動かすと、そのたびに「ぶっ殺すぞ」と言われ、いつしか私は諦めて男に下半身を明け渡した。辺りは暗く寒かった。《殺されるかもしれない》。怖かった。

しばらくして、男は上半身の洋服に手をかけて、脱がそうとしてきた。私は精いっぱいの抵抗で、首を横に振った。「嫌なのか？」。そう男に聞かれ、頷くと、「仕方ないな、じゃあ今度な」と言われて、私は頷いた。

頷いてしまったことで、半分は受け入れたような自分の行動が気持ち悪かった。ただ、とにかく生きて帰りたい。その想いだけが私を何とか支えていた。

その後、近くを通りかかった人が、物音を不審に感じ通報してくれたおかげで、私は保護された。突然、ドタドタドタと足音がして、あっという間に複数の警察官に囲まれた。

その瞬間「助かった」とわかったけれど、《私は悪いことをしてしまった》《見られてはいけないところを見られてしまった》と感じ、とても恥ずかしい気持ちにもなったことを思い出す。男が取り押さえられるのと同時に、誰にも気づかれないように、急いで下着を身に着けたことは、今でも忘れられない。

保護されたとき、私は泣くこともなく呆然としていた。警察官と何を話したのかは、今も思い出せない。現場に駆けつけた両親と再会した瞬間、安心感とぶり返した怖さで、やっと我に返り、声を出して泣いた。

その後、事情を聴かれるため警察に行った。私だけ殺風景な部屋に通されようとしたとき、母も一緒に入ろうとすると、

「お母さんは困ります」と止められた。

当たり前の対応だったのかもしれないけれど、その時の母は、つらそうだった。今にも

壊れてしまいそうな娘のそばにいられないことで、やり場のない気持ちになったと思う。

ただ逆に、あの時、母が一緒にいたら……自分がされたことのすべて話すことはできなかったかもしれない、とも思う。「ついていてほしいけど聞かれたくない」。今でも、どちらがよかったのかは、自分でも正直わからない。


結局、一人きりで部屋に入り、男性警察官に、たくさんの質問をされた。

「今あったことを詳しく話して」

「何をされたの？」一生懸命に話すと、

「あとは？　それだけ？」と、次々に聞かれて。

たった今受けたばかりの被害のことを話すのは、身をえぐられるようにつらく、小さな私には、まるで責められているようだった。

《話したくない》と思う反面、《犯人を捕まえてもらったのだから》と、必死で対応したことを思い出す。いくら警察官だとわかっていても、私にとっては、今日初めて会った男の人には変わりなく、怖くて仕方がなかった。

帰宅して、やっと母に伝えた言葉は、

「私、汚れてしまった」だけだった。

性教育も受けていないし、八歳をイメージすると、まだまだ子どものように感じるけれど、私の中には、泥や土で汚れたという意味ではなく、《私そのもの》が汚れたという感覚が、はっきりとあったように思う。

その夜、一緒にお風呂に入った母は、

「大丈夫、お母さんの手で洗えば、きれいになるからね」そう言って、泡だらけにした手のひらで、私の身体を優しく洗ってくれた。

この頃の数少ない嬉しかった記憶だけれど、そうしてもらったことで、《やっぱり私は汚れたんだ》とも思った。

心を閉ざした日々

翌朝、新聞に事件のことが小さな記事で載った。学校には行きたくなかったけれど、母から、「誰もあなたとは知らないから大丈夫」と言われ、しぶしぶ登校した。

でも、現実は違っていた。教室に入ると、すぐにみんなが集まってきた。

「新聞に載っていたA子ちゃんは千恵ちゃんでしょ?」

「暴行って書いていたけど、どこケガしたの?」と質問攻め。

今では信じられないけれど、当時の新聞は、事件現場の住所が、「○○町○丁目」と詳しく載っていたので、泣いていた私を見た塾の友人によって、被害者が私であることが、一日で広まってしまっていた。それが、八歳の私に突きつけられた現実だった。

私は、被害に遭ったことだけは知られたくなくて、「知らない、私じゃない」と言うことしかできず、その日から心を閉ざした。

その後も学校へは行きたくなかったけれど、今のように、学校へ行かないという選択肢はない時代。

嫌だけど、行かなかったら、お母さんに怒られるし、クラスのみんなに《私がA子ちゃんだ》と認めたようにもなる。だから、とにかく行くしかない。何事もなかったように。今まで通りに。

ただ、少しでも仲良くなれば、また事件のことを聞かれるかもしれないと不安で、ビクビクして、どうしたらクラスの中で目立たない存在になれるのか、「普通の人」には、どうしたらなれるのか、そんなことばかり考える毎日だった。

自分だけが目立ってしまわないように、周りの人が笑えば、とにかく作り笑いをする。本当の自分の気持ちがわからなくなり、仮面をかぶって、偽物の自分で生きているような感覚だった。

家では父が大きな声で怒鳴るようになった。お酒に酔うと「あいつ（犯人）を殺す」と言って、母がいつもなだめる。散々怒鳴って最後にはいつも泣き崩れて。

隣の部屋で聞きながらつらかった。《私のせいでこうなった》。普段はとても温厚な父の、見たことのない姿がとてもショックだった。

《いつまでも落ち込んでいちゃいけない》

《もう何事もないようにふるまおう》

そうして、心も体も感覚をなくしていった。

身体の不調も始まり、毎日のように頭痛がするようになる。当時はカウンセリングを受ける機会もなく、事件の衝撃や心のストレスが身体の不調を起こすことも知らず、情報もなかったので、いつも体調が悪く頑張れない自分が嫌いだった。

とにかく頭が痛いので、母が買ってきた市販の薬を飲み続け、やがて効かなくなり、学校へは行くけれど、保健室に通うようになっていく。あまりにも続けて行くからか、保健室の先生からは、

「熱もないでしょ！　また仮病を使って！」

「子どもは頭痛なんかなりません！」

と怒られて、頼ることもできなかった。

誰にも気持ちをわかってもらえず、つらかった。

でも、どんなにつらくても、母に相談したことはない。私の中で信用のなくなった母に相談したくなかったから。そもそも、自分の気持ちを誰かが聴いてくれるなんて思ってもいなかったように思う。

学校で嫌なことがあったときは、いつも一人で、近くの古い神社に行くのが決まりだった。神社の中を歩いたり、石段に座ってボーッとしたり。何でもないような時間が、唯一私を落ち着かせ、ホッとさせた。

その後も、何とか学校には通っていたけれど、小学五年生になった頃、いよいよそれも限界を迎えつつあった。

そんな新学期に、担任の先生が、

「うちのクラスは、毎日、日記を書くことを宿題にします」と言って、私はとても困ってしまった。

友達と遊ぶわけでもなく、休みの日に、両親がどこかに連れて行ってくれるわけでもないので、日記に書くことがなかったから。

困った私は、勇気を出して、

「日記の代わりに、自分だけ詩を書きたい」とお願いした。

被害に遭ってから一人で過ごすことが増えた私は、気持ちがモヤモヤしたときに、よく詩を書いていた。いつも書いている詩なら、想いを表現できるし、想像の世界のことでも自由に好きなように書けるから、毎日続けられるような気がした。先生はなんて言うんだろう。ドキドキした。すると先生は、

「わかった、いいよ、君だけ詩を書いておいで」と、言ってくれた。

それまで、大人に（特に母親に）、自分の気持ちを受け入れてもらった経験があまりなかったので、先生に理由も詮索されず、希望を受け入れてもらえたときは、信じられなかったし、とても嬉しかったことを覚えている。毎日詩を書いて先生に読んでもらい、感想を書いてもらえるのが嬉しくて、事件後、初めて学校に行く理由ができたように思う。

苦しくて死にたかった頃

小学校生活を何とか終え、中学生になった私は、事件からもう年数も経っているし、きっとみんなも忘れている。これで、やっと友達を作れると、前向きな気持ちで過ごしていた。

そんな中、中学二年生の時、ある出来事が起こる。ようやくできた友達と、休み時間に

教室で雑談をしていると、

「そう言えば、私たちが小学校三年生の時、誘拐事件あったよね？　あれは千恵ちゃんのことでしょ？」と突然聞かれた。

目の前が真っ白になった。音を立てて、何かが崩れるような気がした。ショックが大きかったからか、その子が誰だったのか、今でも思い出せない。

《私は一生〝被害者のレッテル〟を貼ったまま生きるしかないのか》

そう思うと本当にやりきれず、その悔しさや寂しさをごまかすために、非行に走った。そうでもしないと、その日が過ごせなかった。生活はどんどん荒れていった。お酒を飲んだり、夜出歩いたり。高校生のバイクに乗せてもらったときは《このまま事故に遭って死ねたら楽なのに……》と祈っていた。

さらに中学三年生になると、段々女性らしくなっていく自分の身体が受け入れられなくなった。《こんなに女性らしくなったら、きっとまた被害に遭う》《被害に遭ったのは、自分のいやらしい身体のせいだ》と感じていた。

同級生から突然キスをされる。知らない男性から何度も電話があり、性的な言葉を言われ続けるなどの被害にもあい、そのたびに、心の中で《ほら、やっぱり》と呟いていた。

被害に遭っても自分のせいだと責めるようになり、自分を嫌いになった。鏡で自分の姿を見ると気持ち悪くなり、この世からなくしたい、死にたいと強く思うようになった。「女性らしい」ということにも、ものすごく抵抗があった。スカートが嫌いだったし、身に着けるものも、赤やピンク、レース、花柄も無理。決して男性になりたかったわけではないけれど、胸をつぶしたくて、サラシを巻いてみたこともあった。

とにかく、女性として見られるのが嫌、自分が嫌い、私は汚れている、私はいやらしい。こんな私が幸せになれるはずがないと思っていた。

解離の経験

高校へ行っても、自分らしく生きることはできず、人の顔色をうかがってばかりだった。やる気は起きず、周りのみんなのように、当たり前に、部活で青春らしい時間を過ごすことも、勉強に集中して頑張ることもできなかった。

そのうち「記憶のない時間」が増えてくる。テレビでドラマを観ていても、いつの間にか終わっていて内容がわからない。

休み明けに学校に行くと、

「どうして昨日は、待ち合わせ場所に来なかったの？」と、友人に怒られてしまい、困惑することもあった。遊ぶ約束をした記憶が、私にはなかったから。

なぜ、そんなことが起こるのか、自分でもわからず、混乱しながらも謝ることしかできなかった。理由はわからないけれど、物忘れがひどいのだろう。長い間そう思い込んでいたけれど、ある日、そうではないことを知る出来事が起こる。

それは、高校三年のある日曜日。模試の日だった。

お昼休み、お昼ごはん用のパンを買うため、私は学校を出た。学校のすぐ前にはパン屋がある。

けれども、パン屋に着くと臨時休業だった。《どうしよう》。友人の分も頼まれていたので、焦って少しパニックになった。たまたま同じようにパンを買おうと来ていた同級生たちが何人かいて、学校から五分ほどの別のお店に行くと走り出したので、私は必死でついていった。

《何でもいいから、とにかく食べるものを買わないと》。そんな思いで、パンを買ったところまでは覚えているのに、その後の記憶が全くない。

「千恵ちゃん遅い！　それに、どうして一人でパン食べているの？」という、友人の声が突然聞こえて、ハッとした。

私は、いつの間にか、学校の前の横断歩道にいて、信号待ちをしていた。道路の向こう側に、私が買ったパンを待っている友人がいた。段々と、車の音や周りの音が聞こえてきたら、身体の感覚も戻って、左手に食べかけのパンが見えた。記憶はないけれど、確かに私はパンを食べていた。それまでの「ひどい物忘れ」の本当の理由が、その瞬間わかったような気がした。

当時は、「解離」のことも知らないし、私が解離していたのか、今になってはわからないけれど、「私ではない時間がある」ことは確かだった。認めたくはなかったけれど、それが現実だった。

でも、誰にも言えない。言っても理解してもらえるはずもない。そう思い、友人には何も説明できず、「ごめんなさい」と謝ることしかできなかった。

ただ、友人は何かを察したのか、私を責めることはせず、「なんか、とても小さい子どもに見えた」と教えてくれた。自分ではよくわからないが、解離していたときは、幼稚園児くらいの子どもだったのかもしれない。被害に遭う前の安心できる時代の。

結局私は、パンを四つ買い、ゆっくりと歩きながら、そのうちの二つを食べていた。同じように買い物をした同級生たちは、みんな走って学校に戻っていたので、私だけ戻ってこないことを心配して、友人は校門の前で待ってくれていた。

そうしたら、パンを食べながら戻ってきた私がいて、それは驚いたと思う。お昼休みが終わる五分くらい前だったので、友人はパンを食べられなかったことを思い出す。

なぜこんなことになるのかわからないし、自分が情けなくて、とても嫌いで消えてしまいたかった。

被害から一〇年の身体の悲鳴

この田舎にいるから、どこかで必ず自分の過去を知る人に出会ってしまう。田舎にいたら、ずっと自分らしく生きられないと思い込み、高校卒業後はとにかく人生をリセットしたくて東京へ進学した。

すべてがやっとうまくいくと思っていたけれど、現実は、それまで何もケアしてこなかった身体が悲鳴を上げ始めた。

体重は一〇kg減ってやせ細り、あばら骨が出て、痛くて寝返りができないほどだった。生理も止まり、身体はボロボロになり、初めて病院へ行った。被害から一〇年経った一八歳の時だった。

当時は、自分の体調不良が被害とつながっているとは思いもよらず、病院の先生に言われるがまま、ホルモン注射での治療が始まる。休みのたびに病院に通い、薬の副作用で肌は荒れた。

子宮の病気にもなり、一九歳の時には「将来子どもは産めないかもしれない」と宣告され、自分の人生が終わったようにも感じた。

夢に向かって一歩踏み出した先で、現実は心も身体もボロボロになり、たくさんの就職の紹介も全部断り、卒業後は泣く泣く田舎に帰った。

回復の小さなきっかけ

そんな中でも、進学した学校で映画に出会ったことは、私にとって大きなことだった。映画評論を学ぶため、週に五本は映画を観る生活が始まる。

それまで、自分の感情がわからなくなっていた私にとって、映画の登場人物を通して、感情の擬似体験ができることは、とても新鮮だった。

映画を通して自分の気持ちが揺らいだり、時には高揚したりする。戸惑いながらも、自分の中に感情があることを感じられて、久しぶりに生きている感覚になったことを思い出す。

今でも映画はよく観るけれど、単に映画好きという感じではなく、私にとっては回復へ向けた一つのツール。自分の感情に寄り添う時間のようなもの。今思うと約三〇年間かけて、映画を通して、セルフカウンセリングしてきたのかもしれない。

もう一つ、回復のきっかけに感じているのは、二〇歳の時の交通事故。横断歩道を歩いていて車にはねられ、ケガはしたものの奇跡的に助かったとき、助かった嬉しさよりも、《こんなことが起こっても私は死ねないんだ》と感じた。

ずっと死にたかったけれど、車にはねられても死ねないんだったら、もう何をしても（自殺しても）死ねない気がして、死ぬことを前向きに諦めた私がいた。

そうしたら、何か吹っ切れた気がして、八歳の時から、ずっと仮面をかぶって自分を押し殺して生きてきたけど、何だかバカみたい。「事故で自分は一回死んだ」と思って、今日からは、自分のために好きなことをして生きてみたいな、そう初めて思えたように感じる。そこから一人旅に出かけてみたり、おいしいものを食べたり、少しずつ自分のために生きることができるようになった。

話してくれてありがとう

二一歳の時、高校の同級生だった夫と再会、お付き合いが始まった。それまでも好きという感情は芽生えたことはあったけれど、一緒にいるだけで全身が震えてしまう。男性とお付き合いすることや結婚なんて無理だと諦めていたけれど、彼とは、二人で食事に行っても不思議と身体が震えなかった。

高校の同級生から友達になり恋人になったので、ゆっくり慣れていくことができたのかもしれない。

被害のことも、初めて彼に話した。

もちろん話すときは怖かったし、話したら離れていくかもと不安だったけれど、一緒にいるときにフラッシュバックが起こり、過呼吸になり涙が止まらなくなってしまったので、「八歳で性被害に遭ったこと」「子どもを産めないかもしれないこと」を泣きながら伝えた。

彼は「話してくれてありがとう」「大丈夫、大丈夫」と言って、私の身体を優しく擦ってくれた。汚れもののように扱われなかったことが、本当に嬉しかった。

「自分の嫌な部分や知られたくないこと弱さなどをさらけ出しても、否定されず受け止めてもらえた」という初めての経験は、自分の存在を自分が認めて受け入れてあげる、きっかけにもなったように思う。

それからも、私が、過去のことで嘆いたり、未来に絶望して落ち込んだりすると、

「今起こってないこと、どうしようもないことを悩んでも仕方がないよ。起こったときに一緒に考えれば、解決策は必ずある」

「とにかく、今日を楽しく過ごそう」と、いつも言ってくれた。

はじめは意味がわからず、彼に何度も反発したけれど、それでも諦めず、期待しすぎず、変わらずそばにいてくれたことは、私に大きな力をくれた。《こんな私でも生きていていいのかな》と、初めて感じた。ここからが、心のリハビリのスタートだったと思う。

依存症やトラウマとともに生きる

回復の道を歩み始めたとはいえ、スムーズにいかないのも現実。

この頃の私は、買い物依存症、アルコール依存症、性依存症と、どんどん自分を見失っていった。

今でこそ、回復の過程で、さまざまな依存症になることもあると知っているけれど、当時は情報もなく何も知らなかったので、《自分はおかしくなった》と、ずっと思っていた。


〈買い物依存症〉

元々洋服好きな私。小さい頃、あまり母から買ってもらえなかった反動もあって「大人になったら好きな洋服をたくさん買うこと」は、いつしか私の夢になっていた。

買い物に行き試着をすると、何を着ても「お似合いですね」「かわいいです」と、店員さんが褒めてくれる。

買ってもらうために褒めるのは当然だと、心のどこかでわかっているのに、自分の存在を認めてくれているような感覚になり、つい買ってしまう。

いつしか、洋服が欲しいという気持ちよりも、チヤホヤされたくて、買い物に行っているようだった。お得意様のような接客をされるのも気持ちよく、値段を見ずに買ったり、あまり気に入らなくても買わずに帰ることができず、ボーナスを全部洋服に使ってしまうことも。一瞬は後悔して《もう買わない》と決めるけれど、結局お店に寄ってしまっている。その繰り返しだった。

〈アルコール依存症〉

社会人になると、「たくさん飲めることがカッコいい大人」という価値観をいつしか持ってしまい、ついつい飲む量を競うように。

お酒を飲むと、日々のストレスからも解放され気持ちが大きくいられるので、段々と飲みすぎるようになっていった。その頃は体質的にもお酒に強く、それまでは、ずっと自分に自信がなかったけれど、お酒に強いということが、唯一「自慢できること」になっていたように思う。

行きつけのお店では、身体やお金のことを心配されて、お酒の提供を断られたり、帰るように促されたりすることもあった。

お酒が抜けないまま仕事に行くこともあり、会社の先輩から注意されると、《私は何をやっているのだろう……》と後悔するけれど、また飲んでしまう。

一日おきに徹夜で朝まで飲む日々。一週間に一日だけは、お酒を飲まない日があったので、当時は、まさか自分がお酒に依存しているとは思ってもいなかった。

〈性依存症〉

私の性依存は、自慰行為から始まった。セックスの経験がなくても、自慰行為にハマり性依存になることがある。

八歳の被害後、無意識で自慰行為を始めた。性の知識はなかったけれど、

「加害者が執拗に私にしていたのは何なのか?」

「ここ（性器）を触るとどうなるというのか?」はじめは興味本位だったと思う。

されたことは不快なのに、無意識で再演していたのかもしれない。そのうち、気持ちがいいと感じるようになり、頻繁に触るように。眠れない夜や、心がモヤモヤしたときに触ると、よく眠れた。そして、いつしか触って脱力しないと眠りにつけなくなり、毎日の決

まり事になった。誰にも言えず、こんなことをしている自分はおかしいんだと、ずっと責めていた。

二一歳になり、今の夫とお付き合いが始まった一年後、もう一人別の男性ともお付き合いするようになると、セックスにハマッていった。

普段は、まだまだ自分の意見を言えず、相手に合わせてしまうところがあったけれど、行為をするときは不思議と何でも言えて自分主導になれる傾向があり、その状態が優越感を味わえて気分が良かったようにも思う。

そこには「自分をモノのように扱った加害者への復讐の気持ち」もどこかにあったのかもしれない。セックスで自分に主導権がある状態は、心を安定させた。

そして、自分の価値はセックスだと思ってしまい、手放せなくなっていった。パートナーが二人いたので、出会い系などに走ることはなかったけれど、パートナーと会ってセックスせずに帰るなんて、当時の私にはあり得ず、相手がその気でないときも、無理やりさせたり、しないと怒ったり、自殺をほのめかせたり。

今振り返ると、相手の気持ちを無視して嫌な思いをさせていた行為は、加害行為だったと思う。

そしてもう一つ、私を苦しめたのは「幸せを感じることへの恐怖」。不幸である自分に慣れすぎて、つらいけれど、どうしてもその状態のほうが落ち着いてしまう。少しでも良いことが続くと《私が幸せになれるはずがないから、この幸せも、きっと壊れてなくなってしまう》と感じ、ショックを受けて悲しくなる前に自分から壊したくなり、そばにいてくれる彼のことも何度も傷つけた。

電話をかけてくれても出ず、感情を理不尽にぶつけてしまうことも。他に好きな人も作ってしまい、結局は彼も認めてくれた状態で二股もして。理解してくれていたとはいえ、傷つけたはず。

そんな自分を最低だと思いながらも破滅的な衝動をコントロールできない。そんな私でした。

この感情は、今でも時々顔を出し、夫にぶつけてしまう。幸せを受け取るのが怖いから壊そうとするけれど、心の底では、

「どんなことをしても壊れない」

「夫は離れていかない」ということを今は知っているので、その安心感のせいで、逆に遠慮なしにぶつけてしまう。

信頼している相手に対してこその行動だけれど、理解していても、相手にとってはきつ

いことだと思う。わかっているのに、うまくいかず、自分が嫌になることが今でもある。

子どもの成長とともに人間に戻れた私

二〇代前半は、依存症のループにグルグル入ってしまい、結局生活もままならなくなり、やっと何とかしたいと思えるように。

人生を一旦リセット、区切りをつけたいと、半年ほどかけて二股を解消、転職もした。

その後、二五歳で結婚。

大きく生活は変わったけれど、依存症が完治したわけではない。衝動を無理やり抑え込もうとして反動が出たり、逆に全く動けなくなったり。家事もこなせず、台所のシンクに洗い物がたまったり、いつも食べ物がカビていたり。そんな新婚生活だった。

そんな中、奇跡的に子どもを授かり、私は母になった。いろんなことが不安でしかなかった。

でも、とにかく必死で子どもの世話をすることで、ずっとできなかった人間らしい生活を送れるように。掃除、洗濯、食事の用意が少しずつできるようになり、子どもと一緒に散歩して、太陽の光を浴びた。

結婚して子どもが生まれ、日々の生活に追われるようになり、自由なお金と時間が強制的になくなると、買い物依存も自然と落ち着き、妊娠、母乳育児、二人目の妊娠出産が続き、約五年間アルコールから離れ、自然と断酒期間ができたことで、アルコール依存も落ち着いた。

無我夢中で子育てと仕事の両立をし、やっと、子どもの手が少し離れたかなと思い始めた頃、長女が八歳になった。

「八歳、八歳……」。そう思うたび、どうしても自分の事件のことを思い出してしまい、気持ちが落ち着かない。

「娘も被害に遭ってしまうかもしれない」という不安が膨らみ、家から出せない。学校へ行かせても、少しでも帰宅が遅くなると、どうしていいかわからなくなりパニックになる。不安で何度も学校に電話をしたり、通学路を探し回って見つからないと不安と恐怖で混乱したり。娘の帰りが約束の時間を一分でも過ぎると、大声で怒鳴ってしまう。過呼吸が治まらず、病院に運ばれることもあった。睡眠薬も手放せなくなって、気持ちも身体も疲れ果ててしまった。

本当に不安なのは、夫や娘のはず。そう気づいたとき、八歳の娘に自分の被害のことを話したい、理由を説明すれば娘の不安が少なくなると思った。両親には反対をされたが、夫と相談して娘に伝えた。

娘に話すと、「そんなことがあったんだ。ママかわいそう。理由がわかってホッとした」と言ってくれた。そして、帰宅時間を必ず守るなど協力してくれて、私の症状も段々落ち着いた。


また、被害に遭ってから、身体を動かすことが苦手だった私。

三〇代になり、妹に誘われて初めてヨーガを体験したとき、教えてもらった呼吸法に感動した。今まで、呼吸さえもしっかりできていなかったことに驚いたし、自分の体の中を気がめぐっていくのを感じて、涙が出たことを思い出す。

「身体なんていらない」。長年のそんな気持ちから、少しずつ大切に扱いたいと変わった。通ったのは、二年ほどだったけれど、定期的に悪くなっていた体調も落ち着き、毎月の生理も楽になり、長年の頭痛からも解放されて、信じられないくらい元気になった。

今でも簡単なストレッチをしたり、身体を擦ってみたりする。被害に遭うことで、他人に支配されたと感じた身体を、自分の意志で動かせてコントロールできることは、とても回復につながると、今は感じている。

生きていてくれてありがとう

四〇歳を迎えたとき、大きな転機があった。

家庭という安心できる居場所のおかげで、客観的に過去にも向き合えるようになり、回復も進んできている実感はあったけれど、だからこそ、自分と同じ当事者に会ってみたい、という想いが出てきたのだ。

ただ、当事者同士だからこそ傷つけあう気がして、「同じような感覚で生きている人」に会いたいと思った。

近くには自助グループなどはなかったので、ネット検索してみた。入力したワードは「性暴力・前向き・幸せ」。被害に遭った過去を持ったままでも「今を幸せに生きたい」と思っている人に会いたかったから。

その後、一つの団体につながって、今でも大切な仲間に出会う。過去を振り返りながらも明るく共感しあえる時間は、私の心を溶かした。別れ際にみんなでハグをしたとき、「生きていてくれて、会いに来てくれてありがとう」と言われた。涙が止まらなかった。

中学時代に、ずっと死にたかったけれど死ぬことができず、高校時代は「死ぬことさえできなかった自分を責めていたこと」を思い出し、いや違うって。

あの時の私は、死ねなかったんじゃなくて、みんなに出会うために、「生きることを選択したんだ！」って。そう思えたら、自分を初めて褒めてあげたくなった。

被害者らしさを超えて

彼女たちに出会うことで、自分の経験を生かせるのではと思うようになり、地元で犯罪被害者支援ボランティアの研修を受けたところ、講演を頼まれた。二〇一四年春、人前で初めて経験を語った。

まもなく地元紙から取材の依頼があった。迷っていると、娘たちは、「ママやりたいんでしょ？　ママがやらなくて誰がやるの？」「ママは何も悪いことはしてないんだから、誰かに何か言われても、私たちは大丈夫！」と背中を押してくれた。そして、写真入りの記事が大きく載った。

以来、全国で講演をしている。性暴力は別世界の出来事ではなく現実のことだと感じてもらうため、実名で活動している。

だが、赤いワンピースを着て講演に行くと、会場に戸惑いが広がるのを感じる。「被害者は被害者らしく」という偏見があるのだと思う。

「かわいそうな人」のレッテルを貼られ、社会が思う被害者像を求められすぎると、「笑ってはいけない」「幸せになってはいけない」と思い込んでしまう。間違った認識や偏見が、被害者にとって、さらなる生きづらさを生んでいることを知ってほしい。

夫や娘たちが、活動スタート時から理解し、応援してくれていることは、とても力に感じている。

ただ、両親にとっては、複雑な想いもあるようで。初めて取材を受ける際に相談すると、父には、

「今まで、もうたくさん傷ついてきたのに、話をして新聞に出ることで、どうしてもっと傷つこうとするの？」「お父さんにはわからない」と言われて。反対はされなかったけれど、少し悲しそうに見えた。

私自身は、話すことが自分の回復につながると感じていたし、とても前向きな決断だったけれど、父は、あの被害の日から、「心の時間」が止まっているのかもと感じた。

今は、「無理だけはしないように」と言って、見守ってくれている。

母も、はじめはあまり賛成していなかったけれど、活動を始めて半年ほど経った頃に実家に寄ると、私の顔をじっと見つめて、

「あんた、いい顔してるね。今していること、やりがいがあるんやね」と言ってくれた。

母に褒められたことなんてない人生だったので、とても嬉しかったことを覚えている。

ただ、今でも時々、ダメージ受ける言葉を投げてくるのも事実。

先日も、久しぶりに、消えたい衝動が収まらず、カウンセリングを受けたとき、「やっぱり専門家の人に話を聴いてもらうと落ち着く」と、私としては前向きな報告をしたのだけれど、母からは、

「あんた、まだ、あのこと引きずっているの？」と言われた。

きっと悪気はないのだけれど、時間が経てば、過去は消えてしまうとでも思っているのか。過去と折り合いをつけながら、何とか前を向いて生きている私には、痛みを感じる一言なのだ。

本当の意味で、被害者が生きやすくなるためには、手厚い支援を行うだけでなく、ちゃんと想いや声に耳を傾けること。そして、世の中にある、被害者に対する間違った偏見や誤解を変えていくことが、大切なのだと思う。

過去は変えられないけれど

今でも、時々フラッシュバックがある。日々の生活の中で過呼吸になり、涙が止まらなくなることもある。あの時の加害者が、お酒を飲んだ状態だったからか、今でもひどく酔っている人を見ると、過剰に反応して吐きそうになる。

だからといって、人生は終わりじゃない。何の問題もない私になることは、正直難しいけれど、症状と付き合いながらでも幸せに生きることはできる。

性依存は完治していない前提で、どうしたらバランスがとれコントロールできるのか、パートナーに正直に気持ちを伝えて協力してもらいながら、性への暴走を止めている。具体的には、スキンシップを増やしてもらったり、行為ができないときも、ただ断るのではなく、次の約束をしてもらうことで落ち着くこともある。

性暴力被害に遭った私が、身体を触れ合うことで人間らしさを回復し、自尊心を取り戻すきっかけになったことは事実で、セックスは私にとって今でも大切なもの。したいと思う気持ちは否定せず、自分の気持ちを受け止めてあげることは、大事だと感じている。

長い間ずっと、自分には価値がないと感じ、責めてもきた。幸せになれるはずがないと思うとつらかったし、死にたいと何度も思った。何とか自分で消化していくことでしか救われなかったけれど、それでも、自分の人生から目をそらさずにもがいたから、少し強くもなれたし自分のことも好きになれたと思う。

今は結婚もして、表面的には何事もなかったように過ごしているけれど、症状が出ないわけではない。落ち込む日も泣いてしまう日もあるけれど、一年の三三〇日くらいは笑えるようになった。

私の人生すべてを被害者として生きてきたわけではないし、他の苦しみや感動することもあって、些細なことに心動かされる自分は、まだまだ捨てたものじゃないなと思う。

過去はひどいし痛みもあったけれど、今、何よりも生きている実感がある。

少しずつ「上書き更新」することで、トラウマや苦しみも薄まっていくのかなと感じている。

複雑だけど、〝あの日〟があったから今の私がある。そして、私はここにいて、確かに生きている。性暴力の被害者も加害者も生まない社会の実現を願って、今日も、これからも。

だから、どうか諦めないでほしい。

過去は変えられないけれど、未来は、きっと、一つじゃないから。

地雷は続くよ、どこまでも（笑）

工藤陽一

出会って三二年、付き合い始めて二七年、結婚して二三年。

彼女とは、映画になりそうなくらいいろいろなことがありましたが、最近は彼女のトリセツ（取扱説明）も理解でき、困ることも少なくなっています。そんな中、久しぶりに地雷を見つけた話を。

二〇一九年一〇月ラグビーワールドカップ。日本中が注目した、ベスト8の残り一枠をかけての日本VSスコットランド戦。

家族と一緒にテレビ観戦をしていると、試合が盛り上がってきた後半残り一〇分頃、急に彼女が隣の部屋に行ったので、あれ?と思っていたら、泣いて過呼吸になってしまって。《ボクシングや乱闘シーンでないのになぜ?》《大きい声はダメなの知っているけど、サッカーは観るのにどうして?》と一瞬動揺しましたが、そばに行き、「実況アナウンサーが段々興奮して声が大きくなったら、歓声もどんどん大きくなって怖くなった」と聞いて納得。

長く一緒にいても、まだまだ自分の知らない彼女のツボがあって、若いときはOKでも今はNGなこともあるだろうし、逆もあるのだと思います。

また、昔は少し遠慮があったのかもしれないけど、今は何でもすぐに反応があるし、感情も出せて言いたいことも言えているように感じます。

出しすぎ感も時々あって困るけど（笑）、そこも含めて、彼女のパーソナリティーだからと今は思うし、信頼してくれているのかなと。

サバイバーあるあるなのかもしれないけど、とにかく頑固だし、自虐的すぎるし、さっきまでニコニコ笑っていたと思ったら数分後にはムスッとして、気分や態度がコロコロ変わる激しい二面性もありますが、その時その時で、自分が対応できればいいのかなと思っています。

彼女と一緒にいるときに心がけていることは、話をしっかり聴くこと、嫌なことがあったりケンカしたりしても一晩寝て忘れて次の日に持ち越さないこと、毎日新鮮な気持ちで向き合うこと。

でもこれは、彼女がサバイバーだからとか関係なく、どんなパートナーとでも、仲良く人生を歩むヒントになる気がします。

そして、きっと「地雷は続くよ、どこまでも」ですが（笑）、支えるという気持ちよりは、これからも、自分たちなりに楽しみながら、千恵さんと過ごしていけたらなと思っている日々です。

性暴力サバイバー　工藤千恵ブログ
「どんな過去があっても未来をどう生きるかは自分で決められる」
https://ameblo.jp/gurianiba-chie/

■ビデオで見た講演する工藤千恵さんは、落ち着いた大学教授のような雰囲気で、でも時々ちらっと見せる少女のような屈託ない笑い顔に、聴く者はゆとりと安心を感じる。
性暴力サバイバーは、性の身体感覚や性意識を加害者の侵入によって混乱させられたために、セックス拒否になったり、逆にセックス行動に取り憑かれてしまうことがある。その経験を語るのは人一倍の勇気がいる。とりわけ実名を出している場合は。
セックス依存の経験を書いてくれた工藤千恵さんの勇気に感謝。特にそれをどう乗り越えてきたかについての記述は、きっとたくさんの読者にとって他では得られない知識だと思う。（森田ゆり記）

4、一〇〇人以上の人格たちとの対話：小児期マインドコントロール下の性暴力と加害の強制

サンザシ

はじめに

こんにちは、初めまして。サンザシといいます。私には、はっきりとしたフロント（主人格）がいません。なのでこういう場で、誰の名前を使用したらいいかわからないできました。今回は、私の中で調整役をしている私（サンザシ）の名前で書きますが、以下の文は、他の人格たちも含めて書いたものを、私がまとめたものです。

私は、人格がたくさんいます。七〇人目くらいまでは数えていたのですが、その辺りで疲れて、数えるのをやめました。一〇〇人は超えています。異なる名前で同じ年齢の子がいる一方、同じ名前で年齢だけ違う子たちもいます。私たちの人格イメージは、「欠片《かけら》」に近いです。私が回復の参考にしている本では、「複雑骨折」のたとえで書かれていました。骨が細かく砕けてしまっている感じです。私たちの回復作業は、それを丁寧につなぎ合わせていく作業に近い印象です。小さすぎて、つなぐというよりは、両手で粒たちを拾

い上げている印象に近いかもしれません。

私たちには、階層構造が、心の中にあります。四つの階層があり、"Gate Keeper"(ゲートキーパー。門番)、"Threatening"(脅し役)、"Front"(フロント。日常生活を送る人格)、"Garbage Kids"(ゴミ箱に捨てられた子どもたち)と、上から下に層があります。権限は上に行くほど強いです。

ゲートキーパーは、加害者の命令を守り、様々な加害者の作ったプログラムを動かしています。どの人格を表に出すか、引っ込めるかを決める力があるので、門番と呼ばれています。脅し役は、ゲートキーパーからの指示を守り、命令違反をした内部の人格たちを怖がらせる役目。フロントは、日常生活で表面に出る存在。そして、ゴミ箱に捨てられて封じられた子たち。誰に？　加害者に。

今は、少しずつ、上下関係のない、民主的な場所を作ろうと努力しています。

こうした構造は、集団の加害者から、長期的にマインドコントロールによる暴力を受けた被害者によくあることのようです。カルトの儀式虐待やペドファイル（子ども性加害者）組織による犯罪でよく用いられているようですが、私はそうではなく、一般家庭でマインドコントロールを伴う虐待を受けたのです。祖父を中心とした家族たちから、私が二

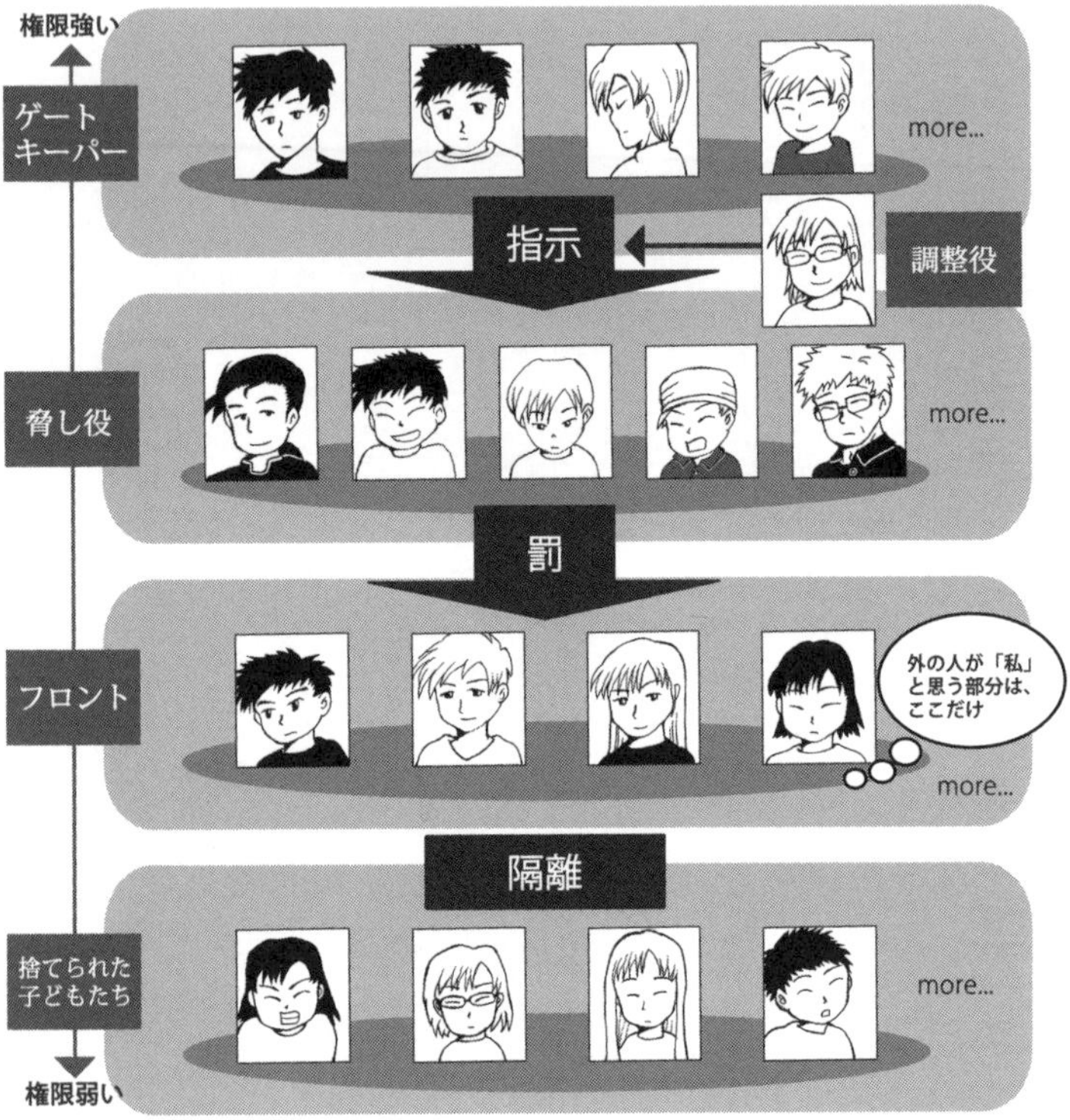
権限強い
ゲート
キーパー
more...
指示
調整役
脅し役
more...
罰
フロント
外の人が「私」
と思う部分は、
ここだけ
more...
隔離
捨てられた
子どもたち
more...
権限弱い

人格たちの階層構造

歳半の時より虐待を受けてきました。

記憶の始まり

虐待の最初の記憶は、二歳半から始まり、一四歳まで続き、すべての年齢で虐待がありました。

その結果、私たちは、年齢ごとに同じ名前のグループができました。ウハナ、シズク、ソア、セナ……という形で二〇人以上いるグループが、各年齢の数だけいるのです。

ちなみに、同じ名前の子どもに、さらに「感情人格」という形で、気持ちの部分だけ解離した人格が存在することがあります。これが、私たちが人数を数えるのを投げ出した理由です。要するに、倍以上は、実際に人数がいることになります（感情人格たちは、同じ名前で同じ年齢の人格に親しみを感じています。元々その子の感情の一部だったので、元々の人格たちに気づいてもらえると、その子たちはとても喜びます）。

異なる年齢間の交流はあまりありません。同じ年齢で閉じています。ですが、今は、必要に応じて交流しています。

トラウマのケアは、大変になります。例えば、三歳の年齢の時の記憶だったら、そこには、三歳の子しかいません。ですが、一四歳の年齢の記憶だと、二、三歳〜一四歳までの年齢の子たちが、虐待を体験していることになります。しかも、その子たちが、それぞれ、別々に記憶と感情と感覚を持っているのです。

要するに、三歳の子をケアしたあと、同じ内容を、別の年齢の子たちに繰り返す必要がありますす。三歳を終えて、五歳を終えて、六歳は今回はあまり参加していないようなので次は七歳の子たち……というように順々に繰り返していくので、ケアはとても時間がかかり、大変です。

人格交替について

小児期マインドコントロールのサバイバーの人格交替は、とてもわかりにくいようです。交替するときに、明確なサインがありません。口調や声色も、さほど大きく違いません。私の場合は、一人称が「私」「俺」「僕」。語尾が「〜かな」「〜だな」くらいには変わりますが、速いスピードでどんどんスイッチしていくので、誰もそれに気づきません。

かつ、私の場合はＤＩＤ（解離性同一性障害）ではなく、ＯＳＤＤ（他の特定される解離症／解離性障害）『ＤＳＭ－５　精神疾患の診断・統計マニュアル』（日本精神神経学会監修、医学書院、二〇一四年）と思われるため、日常生活における健忘はありません。健忘していたのは、過去の虐待の記憶だけです。故に、日常で記憶が飛ぶこともないので、私自身もずっと、自分に人格がいることに気づきませんでした。

なお、小児期マインドコントロールのサバイバーには、DIDの方も多数いらっしゃいます。小児期マインドコントロール＝OSDDではありません。ダース単位の人格を抱え、日常での記憶の遁走も経験している当事者は、いらっしゃいます。

記憶と人格に気づいたとき

私たちは、ちょうど、四〇歳の時に、過去のすべての記憶が出てきました。その時に、人格の存在にも、初めて気がつきました。人格たちは幼い頃から存在していたのですが、私たちが互いの存在に気付いたのは、これが初めてだったのです。

虐待の記憶が、後年になって出てくることは、希なことではありません。これは、小児期マインドコントロールかどうかに関わらないことです。ベッセル・ヴァン・デア・コークは、その著書『身体はトラウマを記録する』（柴田裕之訳、紀伊國屋書店、二〇一六年）の中で、「蘇ってきた記憶の信頼性」について、リンダ・マイヤー・ウィリアムズ博士の研究を引用して述べています。

「一〇人に一人の女性（虐待を思い出した人の一六パーセント）は、過去の一時期、虐待のことを忘れていたが、それが起こったことをのちに思い出したと報告した。虐待された記憶を失ったことのない女性と比べると、忘れていた時期のある女性は、虐待を受けたときの年齢が低く、母親から支援を受けていない率が高かった。また、蘇ってきた記憶は、一度も失われなかった記憶とほぼ同じぐらい正確であることも、ウィリアムズは突き止めた」（三二六頁）

虐待の中心人物だった祖父は、虐待の記憶が出てくるまでは、私にとっては、「影の薄い」「祖母の尻に敷かれた」人でしかありませんでした。私はだから、長年自分の「問題行動」は、父による母への面前DVか、祖母による私への関係性の混乱から来ているのだろうと思っていました。それが記憶が出てきたとたん、ひっくり返りました。

祖父は虐待の中心人物で、動物の殺害から児童への性暴力を含む残酷な虐待（糞尿を食わせる、動物の殺害に加担させる、子ども同士でレイプをさせあう等）を、家族の大人たちを配下にして、叔父、祖母、父の面前で私や弟に行う人だったのです。

これほど綺麗に虐待の記憶を隠蔽させるのですから、小児期マインドコントロールの加害の発覚は、とても難しいでしょう。彼の死後、二五年が経つまで、彼は私の中では「影の薄い、良い人」であり続けたために、たくさん関わってきたセラピストやドクターの誰も、そのことを疑いはしませんでした。

他の人たちがどのように人格に「気づく」のか、私にはわかりません。私の場合は、特に明確なきっかけが、前後にありませんでした。長年にわたってセラピーを受け続けていたある日、部屋の隅に人格が突然見えました。

人格が外側に「見えた」のは、三回くらいしかありません。人格は今も「見えて」いますが、基本的には心の中にいます。でも、この時は、私の身体の外に見えていたのです。部屋の隅に座り込んでいた「彼」の存在を、強く感じたのを覚えています。まるで、本当にそこに人がいるかのようでした。「彼」のこの出現をきっかけに、私にはどんどん人格と記憶が現れてきました。

「小児期マインドコントロールのサバイバー」と思ったきっかけ

私は、通常のＤＩＤのセラピー技法では、自分がどうもうまく回復していかないことにつらくなり、人格が出て数年後、英語が苦手であるのを承知した上で、海外の複雑性ＰＴＳＤやＤＩＤのサバイバーサイトや掲示板に当たりました。自分の症状に少しでも似た記載があれば、そこから検索やリンクで探しました。

その中で、OSDDを知り、さらに、何十人も人格がいるような人に、お勧めしたい本として紹介されていたのが、カナダのアリソン・ミラー博士の本でした。そこから、彼女の動画を見たり、資料を読んだりして、最終的にこの本"BECOMING YOURSELF"を購入したのです。

安くない本でしたので、ためらいましたが、アメリカのAmazon.comのコメントで、当事者や支援者が温かなコメントを寄せていたことも、背中を押してくれました。B5判で四〇〇ページ近くあって、クラクラしましたが、辞書を片手に一日一ページ読めば一年で読めると励ましました。でも、そのおかげで、私たちは、自分を知ることができました。小児期マインドコントロールによって解離した自分の人格構造を知り、葛藤の仕組みを知り、私を把握しやすくなりました。掲載されていたサバイバーたちの言葉にも励まされました。私のようなクライアントをたくさん見てきたミラー博士の共感的な言葉に、胸を打たれました。

「加害者」人格について

一般のDIDでも聞く話ですが、私たちには、加害者の格好をした人格が複数存在しています。これは、中にいる子どもたちにとっては、怖いことです。物理的に加害者と離れても、彼らが中にいて、脅迫をし続けるわけですから。

小児期マインドコントロールの場合、多くは「脅し役」の子がこれに当たります。要するに、ゲートキーパーたちが、加害者の命令を実行するために、また、命令違反をした子を罰するために、加害者の格好をした子たちに脅させるのです。

大事なことは、多くの場合、この人格は実際には「小さな子ども」であるということです。どんなに怖い格好をしていても、その後ろには小さな子どもがいて、怖そうな仮面をかぶっているだけ、もしくは、本当は小さな子どもなのだ、と思えば、怖さは減りますよね。そして、実際、そうなのです。ミラー博士の本にはこうあります。「あなたは、加害者や悪魔、化け物、動物に似た人格たちが怖いのではないだろうか。信じられないかもしれないが、これらの人格たちは、自分がこうした存在だと信じるように吹き込まれた、傷ついた子どもたちでもある」（三四頁。以下、私たちが日本語訳したアリソン・ミラー博士の本"BECOMING YOURSELF"からの引用ページです）。

彼らは子どもとして待遇すると安心します。彼ら自身は、本当は子どもであることを知っているからです。そして、自分の大事な一部として受け入れていくことが大切です。彼らを追い出そうとしたり、責めたりするのは、意味がありません。切り離そうとすると、彼らはトゲトゲとして、より症状を強めます。

後は、ゲートキーパーたちに、こうした指令をもう出さなくてよいことをわかってもらう作業になります。脅し役は、役割にすぎず、指令を出している人の考えが変われば、彼らも役割をこなす必要がなくなるからです。

記憶の思い出し方

私たちの記憶の思い出し方は、独特です。「ある人格が、ストーリーの最初を覚えていて、次の人格がその次の話を覚えていて」（三六頁）とあるように、私たちもリレーのように何人かの子が次々と話をしていき、そのピースを集めると一つの記憶となります。場合によっては、感情や性的な感覚だけを別の子が持っていたり、特徴的な役割のみ、ある子が持っていたりすることもあります。

トラウマのない、健康的な人格はいるのか

小児期マインドコントロールの場合でも、多くは虐待を受ける前の健康な子どもが人格として存在しているそうです。ですが一部には、そうした人格がいないサバイバーもいることが、本には記されています（三六頁）。私は、残念ながらこの後者に当たりました。虐待の開始が二歳と早かったことも影響していると思います。私たちの中には、虐待の記

憶に侵されていない子どもは、一人もいませんでした。

私たちは長年ずっと、健康的な自分が心の奥にいるのではないか、と期待していました。ですのでこの事実を受け入れるのは、つらかったです。ただ、回復を進める中で、私たちの内面には、ゴミ箱に捨てられた子どもと呼ばれる子どもたちがいることがわかってきました。この子たちは、加害者の命令に背いたために廃棄（discard）された子どもたちです。要するに、加害者に抵抗し、「いや！」と言い、ペニスに噛みついた子どもたちです。私たちの階層の一番下、各年齢の一番奥に、洞窟のような暗い場所があるのですが、彼らはそこに住まわされていました。

今は、意識的にそこに光を当てて、温かい部屋に変えるようにしています。その子たちがいる事は、私たちにとって励みになりました。なぜなら、私たちの中には、それでも抵抗した子どもたちがいたのであり、それは、「本当の私」と言っていいと思えたからです。私たちが本来の「私」として育っていたならば、それが私だったはずの、その欠片なのだと思っています。

命令「プログラム」

小児期マインドコントロールの特徴は多岐にわたります。

まず人格が、一般のトラウマサバイバーと違い、加害者によって、意図的に作り出された存在である可能性が高いということです。加害者は子どもに計算高く暴力を振るい、解離を作り出し、自分の意図した行動をとる人格ができるまで暴力を振るい、脅し続けるのです。嫌だと思っている人格は、廃棄されます（ゴミ箱の子どもたちとして閉じ込められます）。それは、まるで拷問の手順です。私たちの人格たちは、すべて、加害者によって与えられた「役割」があります。

そしてトリガーもまた、加害者によって意図的に作られます。怖い経験をしたことから、自然発生的に作り出されるトラウマ由来のトリガーと違い、私たちの「フラッシュバックや自傷、自殺企図などの精神症状は、『命令違反』や『忠誠違反』に対する、内部の人格によって与えられる罰」（四六頁）の形をとっています。

このため、小児期マインドコントロールのトリガーの治療は、フロントの背後にいる人格たちを把握した上で、どのような命令「プログラム」があり、それを誰が指示して、動かしているのか、把握していくことが大切になります。

失敗し続けるプログラム

例えば私たちの場合、学業や資格も含めた、私にとって良いことに挑戦してみたいと思うことに失敗し続けるプログラムがあります。

ミラー博士はこう書いています。「廃棄プログラムを持つサバイバーたちは、しばしば教育課程を修了することや、仕事をすぐやめてしまわずに続けることが困難である。彼らの人格システムは、何をやっても失敗させることが仕事である人格に支配されている可能性がある。これを克服するためには、これらの人格を知ること、そして、彼らがその人の成功を許せば、守護の仕事をより良くできると説得することが重要である」（一七三頁）

その人格たちは、成功を回避することで、自分たちを守ろうとしている可能性が高いです。例えば、私の内側にいる人格たちは、加害者に「おまえはクズ」であることを強いられてきました。そういうふるまい（加害者から「クズだ」と言われた行為）をし続けなければ、とても怖い目に遭ってきたのです。よって、彼らは成功することをとても怖がります（それは「クズ」ではなくなるからです）。

本当は成功したほうが、私たちは自信もつき、金銭的にも安定しますから、祖父のような加害者から狙われにくくなります。本当の意味では、成功したほうがより怖い目に遭わないのです。そして、成功しても加害者たちはもう近くにいないことを、子どもたちに教えてあげることが大切だと私は考えています。

この文章を書くことでさえ、私たちはこのプログラムの影響を受けています。本当は、こういうことで成功（誰かに文章を通して語ること）したほうが、より私の自信になるはずなのですが、私の中の「クズ」でいないととても怖いことが起こる、というプログラムがあり、今も人格たちとそれについて話し合い、怖さを減らしながら書いています。

大事なのは、そこで動けなくなっている人格たちだけでなく、そうしないと「罰する」役割を持った子たちまでフォローしていくことです。

「クズ」でいることに違反したときには、ゲートキーパーがプログラムに従って指示を出し、脅し役の子が違反した子を罰し始めます。脅かされたフロントの子たちは、「（加害者の思うところの）クズ」であり続けるために、挑戦を避け続けるのです。フロント人格だけではなく、背後の罰する人格たちにまで、対話を広げていく必要があります。

依存症状：廃棄プログラム

また、一見、依存症状に似た「廃棄（discard）プログラム」もあります。

以下ミラー博士の本からの長い引用です。

「廃棄プログラムは、サバイバーの『人生を送る』能力をも阻害する。――つまり、運動したり、屋外に出て自然の中にいたり、ペットを飼ったり、友達を作ったり、遊んだり、歌ったり、踊ったり、絵を描いたり、魂の栄養になることをしたりといった、充実した活動をすることである。

ひどいうつ病状態は、あなたは誰でもなく、何もなく、無価値だという信念あるいは、あなたは悪であり、周りの人すべてを汚染するという信念によって誘発されている（どちらも加害者に言われた嘘である）。これによって、サバイバーは、ただ何時間も座って何もしないだけになってしまう。

人格システムに、光や希望、喜び、楽しさ、多くの素晴らしい建設的なことや活動があると教えてくれるようなことを一切しないままになるのだ。それらは、自分のためにはないと信じているのかもしれない。

サバイバーたちが、椅子に座って一日中何もしないか、ソリティアゲームをしているだけだとの報告をよく聞く。家事や食料品の買い物さえしない。これは、標準的なうつ病（医師は薬で治療する傾向がある）のように見えるが、実際には廃棄プログラムで、人格たちに信じ込ませた嘘の結果である。

他の強い人格が、このプログラムに抵抗する必要がある。世界の良いものはあなたのためにもあることを知らせ、加害者に従って、悪や闇を世界へと持ちこまなくてよいとあなたにわからせてくれて、充実したことをするために。

言うまでもなく、これは、人格たちにこれらの嘘を信じさせた記憶を暴いたときに一層容易になる」(一七五頁)

私たちは、一見、いわゆる「社会的引きこもり」に見えると思う。また、「拒食」や日常生活の放棄も起こるので、一見、依存症やうつに見えるでしょう。でも、これらの理由の一つには、このプログラムがあります。特に動物や人との関わりの温もりは、後述する加害への強制でひどく困難にさせられていたし、その結果、「幸せになる」ような行為は、自分には権利がないと思っていました。

性虐待の記憶

このようなプログラムがどのように作られているか、一つの性虐待の記憶を例に出してみましょう。

一〇歳の時、私たちは、あぐらをかいて座った祖父のペニスの上に、「座る」ように促されました。祖母、叔父、父が見ている前でです。私は、とても怖かったのですが、「殴るぞ」と言われたので、座るしかありませんでした。子どもなので、膣は小さいですし、先っぽしか入りません。それを、祖父は、両肩を上から押さえつけることで、無理やり奥まで入れようとしました。当然、痛くて怖いです。周りの大人たちは、見て見ぬふりをするか、「ビッチ」と私を罵って、助けてくれません。

その状況で、ゴミ箱に捨てられた子どもたちは抵抗しました。でも、祖父は殴りつけます。そして、もう一度、「座れ」と命じます。私は、殴られるのが怖いので、もう一度、座らざるを得ませんでした。また、祖父は私の肩を押さえつけます。痛くて、私は再び抵抗しました。そして、また殴られました。

三度目の、「座れ」。そして、今度は私は泣きました。それでも、殴られたのです。「気持ちよさそうに笑え」と言うのです。最後に私は、その上に座り、偽りの引きつった笑顔をしながら、中腰で痛みに耐えました。そうすると、祖父は私に射精したあとで言いました。「（笑顔だったのは）おまえが求めたんだ」と。

そして言うのです。「（求める）おまえは、クズだ」と。

この中で、私は、何度も「母はおまえを助けない」「祖母も」「父も」「叔父も」おまえを助けないと、一つ一つ、祖父に言われていきました。祖父に従い、暴力を振るいました。実際、見ていた大人たちは助けず、祖父に従い、暴力を振るいました。皆、祖父が怖かったので、子どもを助けなかったのです。そして、祖父は最後に言うのです。「かわいそうにな」「俺はおまえを助けてやるぞ（だから言うことを聞け）」と。

この記憶からは、たくさんのプログラムが作られていますが、大切なのは、これが「強制」だったということです。殴られるか、レイプを受け入れるか。殴られるか、「笑顔」でペニスの上に座るか。強制しておいて、私が「主体的に選んだ」かのように言うのが、祖父の常套手段でした。しかもそうさせた私に、「クズだ」「ビッチだ」と、最後には烙印を押すのです。

症状を妄想と思われる恐怖

別の例を出してみましょう。私は今回の文章を寄稿するのがとても怖かったのですが、その理由の一つは、私の症状をこの本の読者に「妄想」と思われるのではないかということでした。しかし、そこにある私の怖さを確認していくと、その怖さはトラウマというより「プログラム」由来であることがわかりました。

祖父は何度も、自分の犯している犯罪を外部にもらさないために、私たちに「誰もおまえの話は信じない」という嘘を教え込みました。私たちがこうして寄稿することは、このプログラムに「違反」する行為になるため、内部でゲートキーパーが恐怖を感じ、脅し役を起動し、人格たちで怯えさせていたのです。それに気づき、ゲートキーパーに安心していいことを伝え、プログラムのスイッチをオフにしてもらってからは、「そういうふうに読む、心ない人もいるよね」という程度まで怖さは減りました。

私が自分たちのことを「妄想ではない」と考えている一番の根拠は、「感情」の存在です。これらの怖い話が「妄想」だったら、どんなにか楽だったでしょう。でも、この「記憶」には、たくさんの感情が貼り付いています。記憶をケアしだすと、小さな子どもたち（感情人格たち）が表に出てきて、怖さや悲しみ、寂しさを表明し始めます。

時間をかけて、彼らの気持ちを受け止め、自分の感情だったことを受け入れていきます。受け止めると、彼らが本当に嬉しそうな顔をすることが、私たちにとっても嬉しいことです。時間がかかりますから大変ですが、これができると、身体が温かくなり、自分に感情が戻ってきたような感覚を覚えます。

トラウマ由来とプログラム由来のトリガー

このことについてのミラー博士の本の記述を意訳しました。

「小児期マインドコントロールのサバイバーの場合、トラウマ由来とプログラム由来の両方のトリガーを持っているのが普通である。

プログラム由来のトリガーは、ゲートキーパーたちの上位の人格につながればスイッチをオフにして、一時的に止めることが可能だ。必要なのは、プログラムを認識し、上位の人格にもうそのプログラムを起動しなくても怖いことは起こらないことをわかってもらい、プログラムの起動をやめてもらうことだ」（一二五頁）

私たちは、日常的に、「自分たちを罰する装置」が内側で稼働している可能性を確かめています。その時に、「問題行動」を起こしている人格とだけ話しても、あまり意味はありません。常に背後の仕組みと人格たちに、意識を向ける必要があります。

「問題行動」を起こしている子――つまり、加害者の指示に従わなかった人格を、罰している子どもたち――罰するよう加害者から指示を受けたゲートキーパーと脅かし役たちがいるはずです。彼らを探し、加害者に従わなかった事を理由に、ゲートキーパー自身も暴力を受けてきた事を理解する必要があります。彼らは、罰しなければ、今度は自分たちがとても恐い目に遭う――レイプされたり、首を絞められる事の恐怖や悲しみを感じているのです。その事を受容し、「問題行動」を起こした子も、それを責めるよう強いられたゲートキーパーたちも、誰も子どもは悪くなかった事を、優しく教えてあげる必要があります。

そうすれば、背後の「罰」がなくなりますから、当該の子が「問題行動」を起こすことも、なくなるのです。

目の前の子を責めている子や、罰している子も想像できる人格システム全体の回復を臨める視野が求められます。

「プログラム行動を作り出している人格たちを探すとき、覚えておいてほしいのは、おそらく彼らのトレーニングには、虐待者の指示に従わなかった場合は、罰せられるという脅しが含まれていたということです。通常、彼らを罰することになっている別の人格たちと、（罰する人格たちが）裏切った場合に仕事をしてくれるバックアップたちが存在します。罰を与える者とバックアップたちを探し、（プログラムを）オフにすることに同意するまで、対話します。加害者があなたたちを傷つけることは、（年月や距離のために）最早できないことを説明してください。優しく対話して人格たちをアップデートする必要があります」（一二三四頁）

嘘のプログラム

では、この「プログラム」とは何かと言えば、加害者が暴力を用いて、意図的に教え込んだ「嘘」と言えます。プログラムは、必ず加害者の言葉が元になっています。「お祖父さんは、本当は助けてくれる」というプログラムには、「（言うことを聞けば）俺がおまえを助けてやる」。

「殺された動物たちは、お祖父さんの精液を飲めば蘇る」というプログラムは、「俺が蘇らせてやる、（だから）これを飲め」という言葉でした。

「このプロセスで重要なのは、加害者が何を言ったか、それに対して自分がどう反応したかを思い出すことだ」（一五六頁）

子どもたちにはそれが「嘘」であったことを、何度でも、繰り返し、記憶のセラピーとともに伝えていく必要があります。そのたびに、私たちは「そうなんだ。（嘘だって）知らなかった」「初めて知った」という子どもたちの声に出会います。その年齢から成長できないできた子どもたちは、その嘘の数だけ、「初めて知った」体験を幾度もしていきます。

それは果てしない作業に思えますが、しかし、それしか道はありません。水の色が、少しずつ変わっていくように、小さな粒一つずつが、気づいていくことを通して、やがて全体が変わっていくことを目指しています。


時に私たちの中には、傷ついた者たちへの共感を見せにくい子たちもいます。感情が薄くて平坦なように見える子です。特に上位のゲートキーパーや一部の脅し役の子には、その傾向が強いです。でも、こうした場合は、大概、隠された感情人格たちが、代わりに共感の感情や感覚を持っていますどうして分かれたかと言えば、そうした共感を見せたなら、厳しく罰せられてきたからです。

大切なことは、どんなに見た目や言っていることが大人びて、時に冷酷に見えたとしても、この子たちは、すべて「子ども」であるということです。その子たちは、その役割を引き受けざるを得なかっただけの、小さな子どもなのです。

「上の者たち（ゲートキーパーたちのこと）が罪を告白してきたときに、私は尋ねている。彼らが最終的にその凶悪な行動をすることを同意するまでの間に、どれだけたくさんの別の人格たちがそれを拒否してきたのかを」（九二頁）

何度拒否してもそれを許されず、暴力を振るわれた結果、それを引き受けざるを得なかったのが、ゲートキーパーたちなのです。

加害の強制

小児期マインドコントロールを埋め込むための虐待の大きな柱は二つです。

「加害の強制」と「性虐待」。

このうち、後者は書きましたので、前者について書きます。

私たちの場合は、主に動物がターゲットにされました。私たちと心を通じ合わせた「かわいいな」と感じていた動物たちを、祖父は何度も目の前で殺害しました。

祖父のお気に入りの赤い柄のアーミーナイフや包丁で、殺されました。殺されたのは、犬、猫、兎、鯉、金魚等。数えられないくらいの回数。

祖父は、特に庭に入り込んでくる野良犬や野良猫をよく殺しました（どこかで飼われていた子たちもいたでしょう）が、ペットショップで買ってきた動物であることもありました。

殺し方は残虐でした。最もつらかったのは、それに私を、毎回加担させたことでした。二、三歳の時から、それは行われていました。祖父は私の後ろから、手を押さえ、ナイフを握らせ、もうほとんど祖父によって殺されている動物たちを、何度も刺させました。

私たちは抵抗しました。でも、抵抗するたびに殴られましたし、首を絞められましたし、時には近くにいた弟を殴る真似をされました。要するに、（おまえが／弟が）殺されたくなければ、刺せ。これが命令でした。

「最初は、子どものナイフを持った手を大人が握って、刺させる。……拒否する人格たちは廃棄され、抵抗できないことに完全に気づくまで、強要は拷問されながら続けられる。（中略）『この兎を殺さないと、弟を殺すぞ』というのは、子どもが選択しなければならないことを強制したものだ。（中略）サバイバーたちは、レイプ、殺人、カニバリズムへの参与を強制されたことに対して、それがだましであったかどうかにかかわらず、大きな罪悪感と恥に直面しなければならない。このため、彼らはしばしば、『ハイヤーパワー』によってさえ、許されるにはあまりに邪悪すぎると感じている」（三二一〜三二二頁）

ミラー博士はこれを、"the lesser of two evils" よりましな悪（三二八頁）と呼んでいます。小児期マインドコントロールの虐待の時、私たちは、この偽りの「選択」をさせられます。おまえが殺されるか、さもなければ、おまえが殺すか。どちらも、とても怖いことです。でも「よりましな悪」を選ぶしか、私たちにはなかった。殺されないためには、殺すしかなかったのです。

そして刺させておいて、言います。「おまえは殺人者だな」「鬼」「悪魔の子だ」と。まるで私たちが、自ら選択した結果であるかのように、祖父は欺きました。この行為に加担させられた人格たちは、自分のことを、ひどく邪悪な存在だと思うようになります。罪深く、生きているに値しない人間であり、いつかまた本当に殺してしまうのではないか。だって、自分は「殺人者」だし、と苦しむようになります。これを、二、三歳の頃から私たちはさせられていました。すべての年齢の虐待において、動物たちは殺されていて、必ず加担させられています。

時に、その殺害された動物の死骸と、夜、物置に閉じ込められました。時に、その殺害された動物たちの目玉を食べさせられました。そして、私のような邪悪な存在は、動物に呪われるに値するぞとか、身体に入ったのだからもう逃れられない、幽霊としてずっと身体の中でおまえを呪っているぞ、等と脅されます。これは魂の虐待です。

抵抗した子どもたちはゴミ箱に捨てられた

私たちは、生まれながらにして、何を善と思うかを知っています。赤ちゃんは、すべて命とつながることを良いことと思い、それを傷つけたり殺したりすることは、人として悪いことだと知っています。命を傷つけるということは、その私たちの良心、人としてのコアのようなものを破壊される、ということです。そこに、太い釘で、深いひびを入れられたようなものです。

私の人格たちは、もちろん、殺人者ではありません。それは強制されたことであり、彼がそれを引き受けるまで、ゴミ箱に捨てられた子どもたちを含む何人もが嫌がり、抵抗してきました。

「あなたの捨てられた子や『ゴミにされた子』は、要求された悪事を拒否しようとした試みを覚えているだろう。要求された行為を実行する新しい人格が生まれるまで、次から次

へと、しばしばその重要性を理解することもなく、拒否して厳しく罰せられた人格が通常何人もいる」（三二八頁）

本当は、そんなことしたくなかったのです。でも、殴られ、溺れさせられ、首を絞められ、命に関わる脅しをちらつかされる中で、私たちは、それをするしかないところまで、追い詰められました。私たちの中で、最も自分を邪悪だと思っている子たちこそ、その誰もしたくなかった役割を、引き受けざるを得なかった子たちなのです。

私たちの祖父のひどいところは、自分で加害を強制し、おまえは邪悪であり、呪われているのだと脅しながら、自分だけが助けてやれる、といつも言うところです。

自分には生き物を生き返らせる力がある、そのためには、自分の精液を飲め、と。

そういうひどいロジックを使って、子どもの優しさを利用し、祖父は性虐待を最後にはしました。私たちに逆らえるわけがなかった。自分は恥知らずで、殺人者で、どうしようもない人間だと、自らの行動をもって示唆された子どもに、しかし、その命を蘇らせてあげると言われて、抗える三歳はいるでしょうか？

この小さな子どもたちは、その後も、ずっと何歳の時の虐待にも出てきていて、利用され続けたのです。大きな子どもには通じなくても、小さい子どもには、恐怖の中で与えたこのロジックで十分であり、祖父は虐待のたびに、この小さな子どもたちを呼び出しては、加害の強制と性虐待を繰り返していました。

「私を許す」ことについて

こうした加害への加担からの癒しに必要なことは、加害を強いられた人格たちを受け入れることに加え、彼らは悪くなかったこと、しかし、そこで強制された行動は不適切だったことを受け入れていくことです。私たちが悪なのではなく、させられた行動が悪だったということです。

私はまだそこにあるさまざまな感情を乗り越えられているとは、はっきり言えません。でも、私が好きな言葉を引用します。「自分を許す」ことについて、ミラー博士は、次のように言っています。

「あなたが他者を許したとき、何が起きるだろう？　それは、自分を傷つけた相手の行動を大目に見たり、ごまかすことではない。それは、被害を直視し、起こったことを受け入れることを意味する。その後、彼／彼女が本当に心からそのような行為から自由になりたいと思っているとき（その時のみ）、その人物を許すことを意味する」（三三〇頁）

私は二度とそういう行動をとらない、と本当に心から願うとき、その存在（殺された動物）たちは、私を許してくれるかもしれない。それは、すごく悲しい気持ちを私に感じさせます。なぜなら、私がそうした行動をしたことを、認めることだからです。認めることを、私に許すということです。動物たちは帰ってこない、その悲しみを認めるということです。

悲嘆と喪失の感情

小児期マインドコントロールの回復の中で、大きなウェイトを占めてくる感情に、「悲嘆」と「喪失」があります。

「マインドコントロールのサバイバーたちにとって……、悲嘆は大きな欲求であり、悲しみはどこからともなく湧き上がってくるかもしれない。ほとんどのサバイバーは、愛する人や動物が殺されるのを見たことがあり、これらの残虐行為に参与することを強制されたり、少なくとも加害と責められている」からです。（一九〇頁）

私たちにとって、悲しみは受容が最も大変な感情の一つです。まず、悲しみを感じることを許されてきていないということがあります。怖くて嫌で悲しくて痛くても、そこにある命が奪われることに加担させられても、私たちは泣くことは、許されなかったのです。そういう意味で、私たちにとっては、悲しみは、とても受容が大変であり、かつ、重い感情です。

大概、私たちは、感情パートが別に切り離されているので（悲しみを感じたままでは、私たちはレイプも殺害も、引き受けることはできませんでした）、その小さな子どもの欠片が、いつもセラピーの最中か、終わったあとに出てきてくれます。彼らは、自分の元々所属していた人格に存在を認めてもらい、そこで悲しみや怖さや寂しさを一緒に感じてもらえると落ち着きます。その時、感情は私たちの一部として戻ってきます。

同時に、私たちは、その命がもう戻ってこないことのために泣く必要もありました。それは、喪失の悲しみです。私たちは、その動物たちに、共感を感じていました。愛情を感じていました。それが殺され、死んでしまうことの衝撃、それに参加させられることの痛みに耐えきれず、祖父が言うたくさんの残酷な嘘――俺の精液を飲めば、蘇らせてやるぞというものなど――を、懸命に信じようとしてきました。祖父は、子どもの優しさを、徹底的に支配のために利用したのです。そのプログラムを解いたところにあるのは、もう命は帰ってこない、という悲しみでした。それを何度も感じなければならないのは、とてもつらいことでした（殺害は、何度も起きたからです）。

子どもたちはセックスを求めてなんかいなかった

また、感じることが困難だったものの一つは、多くの性虐待サバイバーと同じく、性的快感です。特に祖父は、強制しておきながら、それを「求めた」という形で教え込んだので、性的快感はそれと分かちがたく結びついており、とてもつらいものでした。

多くの当事者と同じように、私たちは、性的快感は身体反応にすぎず、感じたからといって、それがレイプを受け入れる理由には一切ならないということを、何度も子どもたちで学び合う必要がありました。同時に、実際は強制であったということも、何度も確かめています。

「彼の手を自分の性器に持っていったという事実は、彼女が『それを望んでいた』からだと彼は言った。でも、その時に彼女が望んでいた事は、傷つきたくない、という事だった」（二六〇頁）

「子どもたちは、大人とのセックスを求めていない。彼らが欲しいのは、注目、思いやり、親密さ、そして多くの場合抱きしめてほしくても、セックスではない」（二六一頁）

母は助けなかった

母が私を助けなかったことについてですが、祖父は、父や祖母に母を攻撃させながら、母には甘い立場をとることで、彼女をコントロールしてきました。母は、祖父から暴力も受けていましたし、祖父に抵抗して私たちを助けることはありませんでした。

祖父は、私たちに対しても同じことをしました。母が助けない状況を自ら作り出しながら、「母親は助けてくれない。かわいそうにな。俺が助けてやる」と私たちに言うのです。祖父に従う以外、私たちには道はありませんでした。

私たちは、母のことを心からは許せてはいません。助けてほしかったからです。私たちは無力な子どもであり、大人である母には助ける力があったのではないかと思っています。

「普通の家族」で起きたこと

私たちに起きたことを読んで、犯罪組織か何かが行ったのでは、と思われる方がいるかもしれませんが、私の家は、外見的にはごく平凡な家庭でした。父方祖父母と同居の二世帯住宅で、父母はサラリーマンと専業主婦、子どもは二人。中産階級で、親は教育熱心でした。子どもの多い団地や住宅街の真ん中に、私の家はありました。

私たちのように、カルト等とのつながりが見つけられない「一般家庭」でも、こうした拷問のような虐待を受けている子どもが、一定数いるということです。その人たちが、私の文章を読んで、回復に役に立ててくれたなら、私は嬉しいです。そして、加害者である祖父自身もまた、複数の人格のいる、小児期マインドコントロールの当事者だったろうと、私たちは推測しています。でも、私たちは、祖父とは違い、内なる子どもたちの悲しみに向き合ってきました。

支援者が増えることを願って

日本で私一人だけが、小児期マインドコントロールのサバイバーであるとは思えません。潜在的な当事者たちのためにも、このプログラムや人格構造を理解した支援者が、一人でも増えるといいなと思っています。自力で行える部分も、もちろんありますが、もし、こうした仕組みを当事者とともに学んだり、当事者と一緒に本を読んで理解しようとしてくれる方がいたなら回復作業は効果的です。

そうした支援者を見つけられなくても、ミラー博士の本は当事者向けの本ですので、セルフヘルプとしても使えます。日本語に訳してくれる人がいるといいなと思っていますが、英語でも読みたいという方は、ぜひ手を伸ばしてほしいです。

この機会を与えてくださった森田ゆり先生にも、深く感謝します。私はこれを、自分の回復のために書きました。読んでくださり、ありがとうございます。

参考資料：

Alison Miller “BECOMING YOURSELF: Overcoming Mind Controle and Ritual Abuse”
『本当の自分になる』（KARNAC BOOKS　London 2014）

小児期マインドコントロールの被害を受けてきたＤＩＤ／ＯＳＤＤのサバイバーは、ＤＩＤ／ＯＳＤＤの治療に加えて、小児期マインドコントロールからの回復の道筋が別途必要となります。その点について、当事者の立場に深く寄り添った文献として、この本は本当にお勧めです。

Alison Miller “HEALING THE UNIMAGINABLE: Treating Ritual Abuse and Mind Control”
『想像を絶する苦悩を癒す：儀式虐待と小児期マインドコントロールの治療』（KARNAC BOOKS London 2012）

小児期マインドコントロール被害の治療と回復について、支援者向けに書かれた書籍です。こちらは、サバイバーは読まないようにと説明書きがあります。

アリソン・ミラー：カナダ、ブリティッシュコロンビア州ビクトリアの臨床心理博士
長年、子どもと家族のメンタルヘルスサービス機関で心理治療に取り組み、ペアレンティングプログラムの開発に携わる。儀式虐待と小児期マインドコントロールのサバイバーの効果的な治療プロトコルを開発。
The International Society for the Study of Trauma and Dissociation（国際トラウマ解離研究学会）のフェロー。

■一五年以上前、私の「DVと子ども虐待」の研修に参加したサンザシたちから、会場で、個人セラピーを頼まれたのが最初の出会いだった。両親のDV目撃によるトラウマ症状が主訴だった。読書量が多く、豊富な知識を持つ聡明な女性という第一印象だった。遠方からなのに熱心に通われ、私が提案することはすぐに実行され、しばらくして暴力を振るう父親と別居するという母親の決断を導いた彼女に、何とも大きな底力を感じた。
　その後何年もして、想像を絶する過酷な虐待と小児期マインドコントロールの記憶が蘇り、多数の子ども人格たちを癒すための支援を改めて求められた。

小児期マインドコントロールによる解離人格たちの回復過程は、それまで私が何度か治療的に携わったＤＩＤとは大きく異なることを、サンザシたちから学ばなければならなかった。小児期マインドコントロールの治療回復を学べる場所や文献は、日本にはその当時も、今もない。

サンザシたちは、あまりに孤独な道を歩んでいる。彼らが自力で探し出して活用しているアリソン・ミラーの二冊の文献をガイドに、サンザシたちが日夜続けている回復の作業に、私は週に一度参加している。（森田ゆり記）

5、同意のない性行為は性暴力です

一般社団法人Spring代表理事／SANE（性暴力被害者支援看護士）山本　潤

『沈黙をやぶって』を読んだ二〇代の時、私も声をあげることができなかった一人でした。本の中で語られる言葉が私の中で響き合い、その苦痛に身をよじって泣いたことを思い出します。

現在、私は、日本で初めて法人化された被害当事者団体の代表を務め、刑法の性犯罪規定の改正に向けた活動をしています。一〇年前から、実父からの性被害という自分の経験を語り、性暴力について伝える講演も続けています。

今思うことは、私たちは沈黙していたのではなく、声を奪われ、口を塞がれ、沈黙させられていたのだということです。

二〇一七年、刑法性犯罪規定は一一〇年ぶりに改正されましたが、「暴行又は脅迫を用いて」との文言は残りました。

「同意がない」だけでは不十分で、「暴行又は脅迫」がなければ性犯罪にならない現状は、今も続いています。

いつまで私たちは、一〇〇年前の、女性に選挙権も被選挙権もなく、結婚した女性は無能力者として財産権も剝奪され、妻が夫以外の男性と性的関係を持てば罰せられる姦通罪（夫は妻以外の女性と性的関係を持っても罰則なし）があったような明治時代の価値観に縛られなければならないのでしょうか。

性暴力被害は、トラウマになりやすく、心身と人生に重大な悪影響を及ぼすことが知られています。

中でも「性暴力はそれ単独で自殺・自傷の発生率を約二・五倍〜八倍以上まで高める」（『性暴力被害の実際』齋藤梓・大竹裕子編著、金剛出版、二〇二〇年）ことが大きな問題となっています。

しかし、深刻な影響を残す性暴力被害が司法の中で適切に扱われてきたとは言えません。日本でも、女性の一三人に一人、男性の六七人に一人が無理やりの性交をされた経験があることが明らかになっていますが、そのうち警察に相談した人はわずか三・七％なのです（二〇一七年内閣府調査）。

また、性暴力被害を訴えても、警察が被害届を受理しないケースが多いことも、性犯罪・性暴力被害者のためのワンストップ支援センターにより報告されています。警察が捜査し、検察に送検されても、七割近くの事件が不起訴になっていることも明らかになっています。

日本の司法制度は被害者を保護する視点がなく、何回も繰り返される長時間の事情聴取やその中での二次被害、被害現場を再現する再現実況見分、裁判所での配慮に欠けた質問は、まるで被害者が裁かれているようだとこれまでも指摘されてきました。

被害者が訴えにくく、声をあげた人がバッシングされるような現状は、被害者を沈黙させ、仲間の存在にも気づかせず、孤独な苦しみに追いやっています。

また、「一人の性犯罪加害者は生涯三八〇人の被害者を出すと試算されている」（『性暴力の理解と治療教育』藤岡淳子著、誠信書房、二〇〇六年）ように、性被害が訴えられず、加害者が抑止されないのであれば、性被害は生み出され続けてしまうのです。

WHO（世界保健機関）は効果的な施策の一つとして法整備を挙げています。性暴力に対する法的措置を強化する・公正にすることが性暴力をなくすために有効であることが明らかになっているからです（WHO2010『暴力防止：世界における実践成果と証明』）。

イギリスやドイツ、カナダ、米国のカリフォルニア州は性犯罪の要件を「不同意」としています。スウェーデンでは一歩進んで「自発的に参加していない者との性交」を性犯罪と明記しました。

世界では、性暴力をジェンダー・ベースド・バイオレンス（性差を元にした暴力）と位置づけ、女性への暴力防止や被害者保護に取り組んでいるのです。

二〇一八年、一般社団法人Springでイギリスの不同意性交罪を学びに行きました。イギリスの内務省・法務省職員に話を聞いたとき、「性犯罪に遭った人が、司法によって犯罪被害者として扱われると同時に、必要なセラピーが行われ、被害から回復することが究極の目的」（一般社団法人Spring英国視察報告書）と明言されていたことに感動したのを覚えています。

被害者を黙らせるのではなく、支援を提供し、保護し、勇気づけることが大切と認識されていたからです。そして、性暴力は許されず、解決されなければいけない社会的課題であると理解されていると感じました。

時代は変わり、人々の認識も変わってきています。

同意のない性行為は性暴力です。性行為に同意して参加する権利も、ノーと言い拒否する権利も一人一人が持っているのです。

女性に権利がなく、何が性犯罪かを司法関係者が判断していた明治時代の価値観を脱し、今こそ、一人一人に性的同意を決定する権利があるという共通認識に立ち、「不同意性交等罪」を創設する必要があると私は考えています。

法務省は二〇二〇年六月から「性犯罪に関する刑事法検討会」を開催し、二〇一七年の改正で積み残された課題を話し合う議論に入りました。

私も、委員の一人としてこの検討会に参加しています。

「不同意性交等罪」創設以外にも、公訴時効の撤廃、性交同意年齢の引き上げ、地位・関係性を用いた性犯罪の創設などさまざまな論点があります。

そのどれもが、時と場合によって許されてきた性暴力を公正に裁けるようにするために重要なものです。

この改正が、性暴力の実態に即したものになるかは、人々が性暴力に関する価値観を問い直せるかにかかっています。そのために被害者の声に耳を傾け、性暴力の実態を知っていただきたいと思います。

性暴力のない社会を共に実現しましょう。

山本潤著『13歳、「私」をなくした私　性暴力と生きることのリアル』（朝日新聞出版、二〇一七年）

一般社団法人 Spring　http://spring-voice.org、代表理事

■山本潤さんが代表理事を務める一般社団法人Springのホームページにはこう書かれている。

「私たちのことを、私たち抜きで決めないで欲しい――すべての人の性的安全・性的健康が守られる日本を作るために性被害当事者の声を、政策決定の場に届けています」

二〇一七年の改正で積み残された「強制性交等罪の暴行・脅迫要件」の他にも「監護者性交等罪」の監護者の枠を広げることや、性交同意年齢の引き上げの必要等、子どもへの性暴力に関する重要事項も、当事者の声を反映した改正を実現してほしい項目がいくつもある。

山本潤さんが、二〇二〇年現在進行中の法務省の「性犯罪に関する刑事法検討会」の委員会に当事者として入られたことは、本当に素晴らしい！　日本の司法の歴史的な前進と言っていい。（森田ゆり記）

パートⅡ　理解とケアの最前線

森田ゆり

1、子ども時代の性暴力被害の長期的影響

パートIの五人の語りやメッセージを読んでいると、一人一人が生きてきた歩みの重さと輝きとが同時に迫ってきます。

生き延びてくれて、本当にありがとうとまずは声をかけたい思いです。

この方たちをサバイバーとあえて呼ぶのは、その背後には、自死や事故死などで、生き延びることのできなかった被害者たちが累々といることを覚えてほしいからです。

いたずら殺害　　　　橘　風子　　（『沈黙をやぶって』より）

いたずらと聞いたらピンときて下さい
たいしたことないと思わせるための手だと
その言葉の裏でどれほど多くの幼い子が殺されているのかを
そして生きのびてはいるが星の数ほどの幼い子が
人に言えず目をはらしているかを

「いっそひと思いに殺された方がよかった」と
ごまかすすべてを知りつくしている大人より
口べたな子どもの方を信じて下さい

サバイバーからスライバーへ

サバイバーという言葉について、かつて『沈黙をやぶって』にこう書きました。

「survivor《サバイバー》――生存者という意味です。性暴力の生存者。それに対してビクティム(victim)――犠牲者という言葉があります。犠牲者という語には被害が今も継続している、という意味が感じられます。(中略)一方、生存者という言葉はアメリカではとりわけ高い価値がおかれている語です。弱肉強食の厳しい競争社会の原理を基盤に発展したこの国では、生き残ったということは、すなわち、勝利者とみなしてよいのです。

　アメリカ・インディアンの人びとは、『迫害と抑圧の五百年を自分たちはサバイブした(生き残った)』と誇り高く語ります。そして今も、今後も、彼らの最重要課題は、民族として、文化として生存し続けることにほかなりません。権力を持たない者、抑圧と搾取を受ける側にとって、命を落とさずに生きのびること、それ自体が、強い抵抗のあかしなのです。

一九七二年に出版された『女性という性奴隷』という本の中でキャサリン・ベリーが、自分の体験を語ることで、性暴力に対する社会全体の意識の変革に貢献してきた人たちを『生存者』と呼ぶことを提唱したのでした。以来、性暴力の分野全般では、彼らの勇気に対する敬意と感謝をこめた『サバイバー（生存者）』の語を使うことが一般化したのです」（二四〇頁）

「しかし、今日では、サバイバーという言葉でひとくくりに呼ばれることに納得しない当事者も少なくない。（中略）被害からの心身の回復に長年取り組んできた人の中には、自分はもうサバイバーをのりこえて、『スライバー』（達成者）だと言う人もいる」（『子どもへの性的虐待』森田ゆり著、岩波書店、二〇〇八年より）。いや、それは当事者間の比較競争を生む言葉だから、やはりみんなサバイバーだという人もいます。

性暴力の深刻さは人格形成の核心ともなるべき、信頼の心を打ち砕くことにあります。人を信頼することへの恐れと疑い、無力感、自責感と自己嫌悪、そしてセクシュアリティ（性的感情と性的認識）の混乱は、自己イメージと感情表現能力を低下させ、ひいては世界全体への不信感をもたらし、自分を信頼する力を奪い、人格の健全な成長に鉄槌を振り下ろします。

それは具体的には、柳谷和美の一〇代の日々を次のように翻弄しました。

「中学生くらいになってから、五歳、七歳の時の『あの出来事』の『意味』がわかってから、いつか加害者に復讐してやる！　ずっと、そう思っていました」「自分気持ち悪い。自分汚い。たくさん自分を傷つけて、傷つけられることをわざとしたり、私に好意を持って近づいてくる人に、意図的に傷つくであろう言葉を投げつけたり、傷つけられるような場所に行って、暴走、シンナー、酒、タバコ、テレクラで相手を見つけて売春して、自分に復讐していました。

売春していたときは、こんな身体、大事にするとか意味わからんし。どうせ汚いマンコなんやから、今さら大事にしたところで何もならんやん。自分の身体で金稼いで何が悪い？　誰にも迷惑かけてないやろが」

「セックスが私にとっては『男』という生き物に対する復讐の道具になっていました」

工藤千恵はこう書きました。

「その日から心を閉ざした。（中略）そうして、心も体も感覚をなくしていった。身体の不調も始まり、毎日のように頭痛がするようになる。当時はカウンセリングを受ける機会もなく、いつも体調が悪く頑張れない自分が嫌いだった。

そんな中、中学二年生の時、ある出来事が起こる。（中略）《私は一生〝被害者のレッテル〟を貼ったまま生きるしかないのか》。そう思うと本当にやりきれず、その悔しさや寂しさをごまかすために、非行にも走った。生活はどんどん荒れていった。お酒を飲んだり、夜出歩いたり。高校生のバイクに乗せてもらったときは《このまま事故に遭って死ねたら楽なのに……》と祈っていた」

被害者にとってそれはその後の人生を苦しみに叩き込んだ出来事なのに、加害者たちの多くはいたって呑気です。

服役中の複数の加害者に話を聞いたことがあります。

「遊びの延長ですよ。その子が嫌だっていうことはしなかったし」

「上の子はＮＯと言ったからしなかった。下の子はＮＯと言わなかったから、そんなに嫌じゃなかったはずなんだがな」

「なんでこんな大騒ぎになってしまったのか。周りが騒ぐから子どもが傷つくんじゃないですか」

逮捕され服役したあとでも、彼らは、自分は悪くない、大したことではなかったのに周りが騒ぎ立てて、自分こそ被害者だと言わんばかりなのです。

ＰＴＳＤ発生率の高さ

性暴力被害はＰＴＳＤの発生率がきわめて高いことが知られています。

米国の大規模な住民調査ではＰＴＳＤの生涯有病率は、レイプによるＰＴＳＤの場合は男性は六五％で女性は四六％、事故によるＰＴＳＤ発症率は男性は六％で女性は九％、自然災害では男性は四％で女性は五％、身体暴力は男性は二％で女性は二一％という結果が出ており、性暴力が被害者に与えるダメージの深刻さを明らかにしています（Kessiler R C, Sonnega A, Bromet E et al. 1995）。

パートⅠのサバイバーたちのナラティブには、いずれもＰＴＳＤの発症による苦しみを生きてきたことがリアルに記録されています。

工藤千恵はこう書いています。

「中学三年生になると、段々女性らしくなっていく自分の身体が受け入れられなくなった。（中略）《こんなに女性らしくなったら、きっとまた被害に遭う》《被害に遭ったのは、自分のいやらしい体のせいだ》と感じていた。（中略）鏡で自分の姿を見ると気持ち悪くな

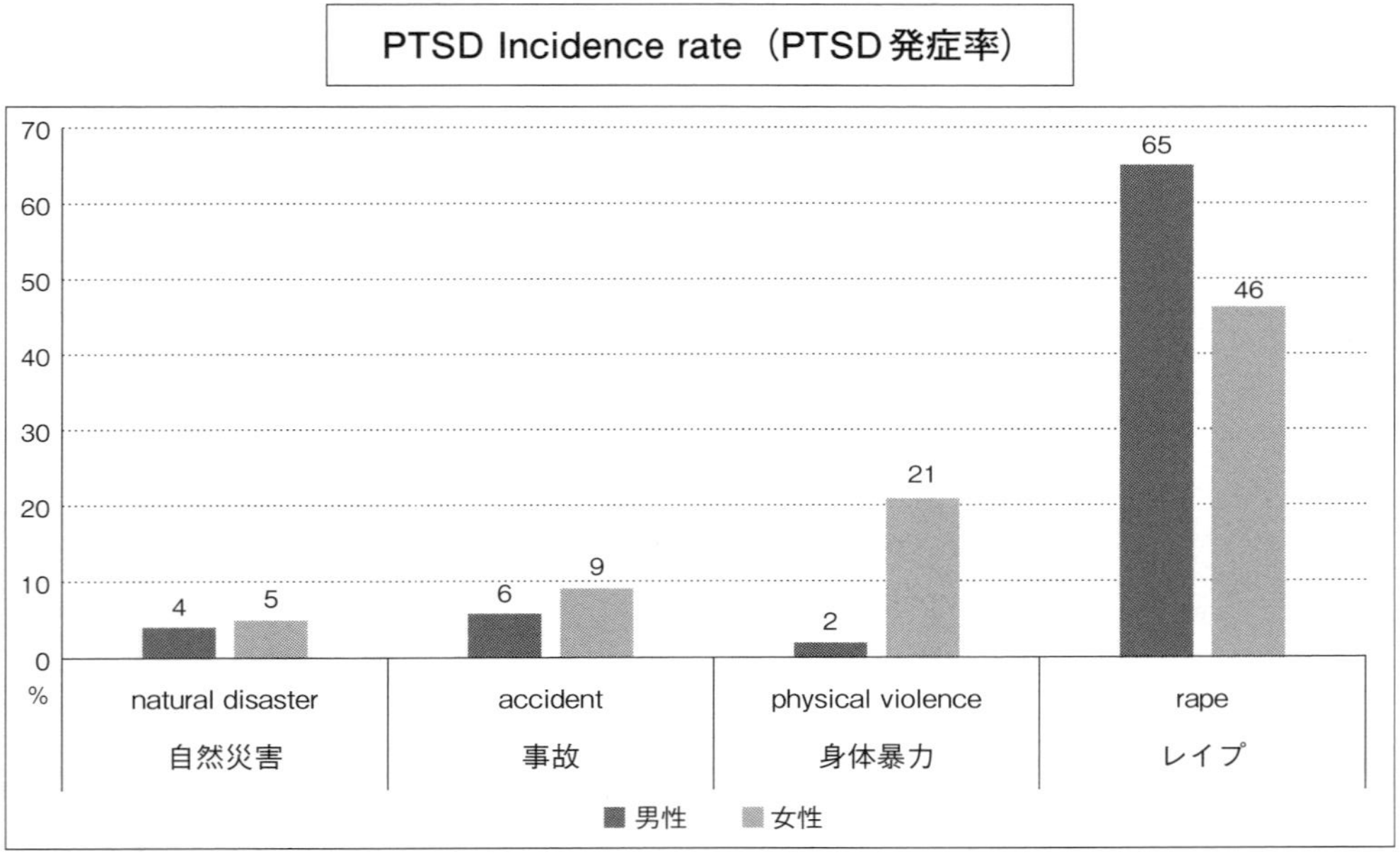

アメリカでの PTSD 発症率調査。性暴力被害の深刻さがうかがえる。
Kessler RC. Sonnega A. Bromet E et al.（1995）

り、この世からなくしたい、死にたいと強く思うようになった。

高校卒業後は、とにかく人生をリセットしたくて、東京へ進学した。すべてがやっとうまくいくと思っていたけれど、現実は、それまで何もケアしてこなかった身体が悲鳴を上げ始める。体重は一〇kg減ってやせ細り、生理も止まり、身体はボロボロになり、初めて病院へ行った。被害から一〇年経った一八歳の時だった。薬の副作用で肌は荒れ、子宮の病気にもなり、一九歳の時には『将来子どもは産めないかもしれない』と宣告され、自分の人生が終わったようにも感じた」

身体への影響——中枢性過敏症候群（CSS）という新パラダイム

性暴力被害によるPTSDの身体に及ぼす影響の大きさについては、二〇〇八年に出版した『子どもへの性的虐待』の中で、次のように書きました。

「わたしのカウンセリングを受けた女性は、一一歳のときに路上で若い男に性的虐待を受け、その外傷に由来するさまざまな身体の変調の中でも、顎狭窄症（口を大きく開けられない）に困っていた。同時に原因不明の胸とのどの痛みにも長年悩まされてきた。加害者は性交を試みたができなかったため、少女の口に自分のペニスを押し込み射精した。その時のトラウマから起きている顎狭窄症状は転換性障害（conversion disorder）で、かつては『ヒステリー症状』と呼ばれていたものである。随意運動や感覚機能が不全になる症状で、視野狭窄や肛門筋のコントロールがうまくいかなくて日常生活に支障をきたす人もいる」

性暴力被害のトラウマは身体に刻印されています。

『子どもへの性的虐待』の出版後、全身が強烈な痛みに襲われ夜も眠れない、医者に行っても理由がわからず心因性の痛みと言われるだけで治療法はないと訴える性暴力被害サバイバーの相談を、たて続けに何度か受けたことから、線維筋痛症という難病を調べ始めました。

海外で線維筋痛症は、レディー・ガガが性暴力被害を受けたことから発症し治療を受けていることが取り上げられていました。

中枢性過敏症候群（CSS）という新しいパラダイムの疾患概念で、実に興味深い治療法が先端的に実践されていることを知ったのは一〇年前の二〇一〇年でした。当時の日本ではまだ紹介されていませんでした。

二〇一九年に、小児期虐待が原因で線維筋痛症に罹患された小田博子さんという方から、ご自身の体験と研究をまとめた本を「虐待問題の専門家の方々に知らせてください」とのメモと一緒に献本していただきました。

慢性疲労症候群（CFS）や過敏性腸症候群なども含む中枢性過敏症候群という新しい疾病概念は、これまで原因不明とされていたさまざまな疾患を中枢性感作（CS）という生理現象によって起こると説明しています。

「CSSは一般的な検査では数値的な異常が検出されない一方、多種多様、かつ深刻な症状を示す症候群であるが、日本の医学界ではまだまだ認知が進んでいない。一般検査ではなんら異常が出ないため、医師の間では長い間、CSSは精神的なものとか詐病であるなどの誤解を受けてきた。筆者はCSSの一つである線維筋痛症（Fibromyalgia Syndrome: FM）に罹患し、その闘病中に、CSSという新しい概念およびその理論体系を知った。しかしながら国内の医学界では、これの認知や研究がまったくおろそかにされ、CSSの特性に着目した効果的治療の研究も進んでいないため、患者自ら海外から基礎医学書を取り寄せ、日本では知られていない疾患回復のための研究をすることになった。CSSを出発点とした研究がおろそかになっているのは、線維筋痛症（FM）のみならず、慢性疲労症候群（CFS）、多種類化学物質過敏症（MCS）なども同様である」（『虐待被害者の味方です－虐待が原因で難病になり、甦った足跡－』小田博子著、高文研、二〇一九年）

ヨーガのインストラクターでもある筆者は、二〇一四年から日本でヒーリング・ヨーガを教えています。マインドフルネス瞑想とヨーガで、慢性疲労の症状が軽減し、原因のわからない全身の痛みが大幅に緩和されるサバイバーたちを見てきました。それがトラウマ起因の中枢性感作による症状だったことを知り、深く納得しています。

性虐待のトラウマからの回復セラピーには、身体からのアプローチが不可欠です。私が過去三〇年間使っているいくつものソマティック・アプローチの方法については、次章で紹介します。

ソマティックとは、ギリシャ語のSOMAからきており、生きている身体という意味の言葉です。

ACE（逆境的小児期体験）研究紹介で忘れられていること

子ども時代の性暴力被害の影響は米国の大規模疫学調査、ACE（逆境的小児期体験）研究でも一生の健康を左右する要因のトップに挙がっています。

この研究については拙著『虐待・親にもケアを』（築地書館）で紹介した文を以下に引用します。

「1995年から始まった米国疾病管理予防センターによる画期的なACE（Adverse Childhood Experience 逆境的小児期体験）研究は、18歳になるまでに体験した虐待、親に精神疾患がある、親の死や離婚、親が服役中などの逆境的養育環境が、その後の人生にどう影響するかを調べた大掛かりな疫学調査で、21世紀の世界の児童虐待対応分野に大きな話題を投げかけました。

小児期の逆境的体験が深刻な人ほど、男女ともに、喫煙率が上がり、米国での10大死因の一つである慢性閉塞性肺疾患、心臓病や糖尿病の罹患率が上がり、うつ病と自殺未遂の経験も上昇、職業生活でも問題を抱えやすくなるという統計的事実はその調査結果の一例です。

この研究には、カリフォルニア州サンディエゴ郡を拠点とする、医療保険会社カイザー・パーマネント・メディカル・ケアの会員1万7337人（男女比46対54、平均年齢56歳）が参加しました。白人が75%、大卒者が39%の中産階級が調査対象。調査時期は95年から97年で、同時期に米国政府が行った疫学調査を比較対象にしています」（六六頁）

ACE研究は、一八歳までの逆境体験の有無を数値化しました。回答数が高かった順にあげると、性的虐待、身体的虐待、家族の酒・薬物依存、両親の離婚・別居、面前DV、心理的ネグレクト、家族の精神疾患、精神的虐待、身体的ネグレクト、家族の服役・収監です。

そしてさらに、これらの項目の累積度をＡＣＥスコアとして数値化しました。以下の項目を小児期にいくつ体験したかでＡＣＥスコアが〇～一〇点つけられます。スコアが高いほど、成人後の健康度に支障が起きていることを研究は示唆しました。

子ども虐待に関する統計的調査が公的資源を使うしかない経済的困難家庭に被験者を求めることが多い中で、この研究は、医療保険会社の会員を対象としたために、中産階級が被検者になったことが、ＡＣＥ研究の重要な特徴の一つであることは日本では指摘されていないので、ここで明記しておきます。

白人が七五％、大卒者が三九％の中産階級がサンプルという調査対象だったにもかかわらず、小児期逆境体験が一生の健康を大きく決定づけていることが明らかになったことに、この大規模研究結果の新しい意義があったことを心に留めておいてください。

ポリビクティム（多重被害）

柳谷和美は五歳と七歳の時の性暴力被害の他にも「小中高時代に、同級生や、先輩後輩から、大人になってからも知人や仕事がらみの人からなど、数えきれない『性暴力』にさらされて」きたこと。小学一年の時、「箒で目をつつかれたり、給食のスープに上靴を突っ込まれたりのいじめ」に遭ったこと。そして父親の怒鳴って殴って矯正する「体罰によるしつけ」を受けてきたことを書いています。

性暴力だけではなく、他にもたくさんの暴力被害を受けていたのです。

同じことが、鈴木三千恵の文からもうかがえます。

「夫婦の暴力的喧嘩を毎日見て育ち、弟の世話をし、夜は大人のいない状態」のネグレクト。そして「父には一緒にお風呂に入ることを義務付けられて、中学生になると性の道具にされた。その後、教師、施設の指導員、通りすがりの人にもレイプされて、（中略）一〇代後半では、人生を捨てていた」

このような子ども被害の現実をポリビクティム（多重被害）と呼びます。

ポリビクティマイゼーションとは、子どもや女性への暴力に関する統計的調査の世界的第一人者であるデイビッド・フィンケルホーらが二〇〇七年に学会誌〝Child Abuse&Neglect〟（31,7-26）に発表した概念です。論文は、その翌年彼の著書〝Childhood Victimization〟に収録されました。一九八〇年代からの長年の友人でもある彼の本を、私は『子ども被害者学のすすめ』というタイトルで二〇一〇年に岩波書店から監訳出版しました。

その本の中に収録された世界の子ども虐待分野にとって画期的にして重要な歴史的意味を持つ三つのテーマに関する論文を日本に紹介する必要性を感じたからです。

三つのテーマの一つは、一九九〇年代以降、米国の子ども虐待発生ケースが減り続けていることの分析。とりわけ性的虐待ケースの減少は顕著です。

二つ目は、「子ども被害者学」という新しい学問分野の創出の提言。

三つ目が「ポリビクティマイゼーション・多重被害」概念です。

社会学者フィンケルホーの論旨は常に彼の膨大な数量調査の分析結果から引き出されています。「ポリビクティマイゼーション・多重被害」概念も、彼と彼のリサーチセンターによる多くの数量統計調査をベースにしたものです。

実に多くの子どもたちが、家庭での暴力・ネグレクトに始まり、学校でのいじめ、家の内外での性被害など複数の被害を受けているという統計的事実は支援者間でどこまで認知されているでしょうか。ポリビクティムにとっては、暴力被害は常態的なことで、骨折したというよりは骨粗鬆症状態にあると考えたほうがよいとフィンケルホーは、講演で語ったことがあります。

この概念の詳細は、『子ども被害者学のすすめ』の二章三章を読んでください。ここでは私が訳者あとがきに要約したことを以下短く転載します。

「被害の重症度の高い子どもは、一つのタイプの被害だけでなく、他の被害も受けていることが多い。被害を受けた子どもはあらたな別のタイプの暴力被害を受ける危険性が高くなるという研究報告も引用されている。また多重被害者の回復については一種類のタイプの被害を受けた子どもより困難であることを指摘し、支援者の注意をうながしている」

この多重被害という社会学的知見は、先述したACE研究が、逆境体験の累積度が健康に及ぼす影響を査定しようとした問題意識とも重なります。

性暴力の回復における愛着対象の力

数年前のことです。関西圏のある行政の依頼で「DVと子ども虐待」をテーマに講演して、壇上から短い階段を下りたら、六歳ぐらいの女の子が両手に私の執筆した二冊の絵本『気持ちの本』(童話館出版、二〇〇三年)と『あなたが守る　あなたの心・あなたのからだ』(平野恵理子・イラスト、童話館出版、一九九七年)を抱えて待っていました。

「この本にサインしてください」

ちょっと恥ずかしそうにそう言われて、私は有頂天でした。こんなに小さな子どもからサインを求められる機会は滅多にないので、とても嬉しかったのです。

「あなたの名前はなあに？」と聞きながら、その場でサインをしていると、大人の女性の声が横から聞こえました。

「この子は、四歳の時レイプされました。でもこの二冊の本で自分を癒したのです」

驚いて、その子を見ると、ウンウンとニコニコしながら頷いていました。

「そうかあ。四歳なんてとても小さなときに、怖いことをお母さんに話せたんだね。○○ちゃん。すごい〜。勇気あったね。ありがとう」と彼女を褒めました。
○○ちゃんは嬉しそうに、二冊の本を胸に抱きしめていました。
そのあと、お母さんに向かって、私はこう言いました。

「あなたですよ、お母さん。この二冊の本じゃないんです。あなたが癒したのです。あなたと○○ちゃんが二人でしたのです」

私がそう言うと、お母さんは大きく目を見開きました。

「それが起きたとき、きっとあなたは驚き、怒り、混乱したことでしょう。でも○○ちゃんには、話してくれたことに感謝する言葉を言って、抱きしめたかもしれない。そのすべてが心の応急手当てでした。そしてどうすることが、○○ちゃんにとってベストなのかを、きっと懸命になって調べたり、相談したり、学んだりしたのでしょう。そんな中でこの二冊の本に出会った。最初はきっとお母さんが二冊の絵本を読んであげたのでしょう。そのうち○○ちゃんが何度も、何度も覚えてしまうぐらい読んだ。お母さんがしたそのすべては、○○ちゃんにとっては、どんな治療を受けるよりも心の安心を取り戻す手当てだったのです」

心の応急手当

子どもの身近にいる大人がなるべく早く心の応急手当をすることが、その外傷体験がトラウマ化することを防ぐ最も効果的な方法です。この分野で仕事をして四〇年、私の変わらぬ経験知です。性暴力の場合は、子どもが最も信頼する愛着対象（多くの場合母親）の対応次第で、それが大きな癒しになりうるし、逆にトラウマの悪化にもなりうるのです。

だいぶ前に、地方都市の依頼で講演をしました。多くの場合、私は講演終了後の一五分間を、その時のテーマに関連する自分の著書にサインする時間をとってもらいます。そうすると、全体での質疑応答では手を挙げられなかったけれど、個人的に聞きたいこと、相談したいことのある人が、来てくれます。

その日、最後まで残っていた五〇代ぐらいの女性が相談してきました。

「実は、私の高校生の娘が一カ月前に、一歳年上の従兄弟（女性の姉の息子）からレイプされたようで、学校に行かなくなって、引きこもっています。誰かいいセラピーをしてくれる人いませんか」

「従兄弟からの性暴力を娘さんがあなたに訴えたのですか？」

「はい」

「あなたはどう対応しましたか？」

「最初は、信じられなくて。二人は小学低学年頃までは、大の仲良しだったんです。姉にはまだ言えていません」

「あなたは、娘さんの訴えを信じていますか？」

「はい」

「だとしたらそのことを娘さんに伝えてください。『お母さんは、あなたの味方だよ』と。そして彼女の気持ちを言葉にさせてあげるために、しっかりと聴いてあげてください。事実関係を尋ねるのではなく、ただ聴くのです」

「それが、自信がなくて……。娘は部屋にこもっていて話をしてくれませんし。姉に言うにしても、誰か専門家が見てくれたあとのほうがいいかと思って」

「そんな悠長なこと言ってる間に、娘さんの心の傷は深まるばかりです。あなたは子どもが大ケガして血を流しているときも、自信がないからと医者が来るまで何もしないでいるのですか」

「セラピストを探す前に、まずはあなたでなければできない最も大切なことがあります。それは娘を信じてあげること。そのことをしっかり伝えること。母親であるあなたが、最強のヒーリングパワーを持っているのです」

初対面のセラピストの専門ケアよりも、母親や身近な大切な人の温かい声かけを子どもがどれだけ待っているか、その声かけがどれだけ大きな回復の力を発揮するか。

「『手当て』という日本語には深い叡智がこめられています。たとえ最新の特効薬がなくとも、手を当ててもらうことで、傷ついた子どもの心身の回復は大きく促進されます。それはきっと手にこめられた相手の優しさと、心配りと、自分を大切に扱ってくれるその心と気が、子どもの内の自己治癒力を発揮させてくれるからなのでしょう」

小冊子『心の応急手当　子どもの虐待をなくすためにあなたのできる大切なこと』（森田ゆり著、エンパワメント・センター、二〇〇七年）

心の応急手当の聴き方のステップを書いてある拙著『岩波ブックレット　新・子どもの虐待』（岩波書店、二〇〇四年）や『子どもへの性的虐待』（岩波書店）を参考にして、今すぐに始めることを助言しました。

逆な見方をするならば、母親や、身近な人の理解と共感が得られないならば、そのトラウマは悪化するということです。「性虐待とは関係性の暴力である」としばしば私が書くのはこの理由によります。

それは二次被害という言葉では軽すぎるほどの深刻なダメージです。

その母親から一年以上後に手紙をもらいました。紹介した本をガイドに、心の応急手当を実行してくれたこと、それをきっかけに、事件前から悪かった母娘の関係が大きく改善したことが書いてありました。

「性暴力というおぞましい出来事から逃げないで、二人で向き合うことで、私たちの間に信頼しあう親子の絆が生まれました」

パートⅠの工藤千恵が、クラスメートたちとの関係性の中で崩れてゆき、でも夫との出会いという関係性によって回復していったこと、娘たちとの関わりがトラウマとともに生きる力になっていることをもう一度読み返してください。その上で本書パートⅢの「性暴力を受けた子どもの話を聴くプロトコル」を活用して下さい。

2、トラウマを癒すとは

一九九二年の『沈黙をやぶって』以降、性暴力の沈黙をやぶるムーブメントが日本全国でゆっくりと広がっていきました。この広がり始めた動きに次のステップとして、沈黙をやぶったあとの回復のガイドが求められていました。二五年前の日本には、性暴力サバイバーの回復に精通したカウンセラーや医師はわずかでした。

そのニーズに応えるために『癒しのエンパワメント　性虐待からの回復ガイド』を出版しました。

この章は、その本から多くを引用しています。回復に役立つワークやアクティビティをもっと知りたい方は、『癒しのエンパワメント』を読んでください。

癒すという言葉のルーツ

「癒し」を英語ではヒーリング（healing）といいます。ヒール（heal）という言葉の由来はヘルス（health）などと同じ語源のhal（古い英語で、whole〈全体の、無傷〉のという意味）にあります。ホーリスティックという言葉も、人間を自然との有機的なつながりを持つ全体として捉える意味を持っています。heal（癒し）の語源がwhole（全体の）であることは、少なくとも英語では癒しという概念が本来どのような意味を持っていたのかがわかって興味深いものです。すなわち癒しとは、バラバラになった自己を再び一つにするということです。

性暴力を受けたことによる深い心の外傷はしばしば身体、感情、認知、行動、魂からなる全体としての人間存在をバラバラにしてしまいます。回避、過覚醒解離症状やフラッシュバックなどの症状はその典型的なものです。不安や恐怖の感情が強烈に呼び覚まされて、頭でいくら落ち着けと言い聞かせても身体が感情によってコントロールされてしまうときなどです。

パートⅠのサンザシは、一〇〇人以上の人格たちを、複雑骨折で細かく砕けている骨片にたとえて、「私たちの回復作業は、それを丁寧につなぎ合わせていく作業に近い印象です」と語っています。

性暴力による心的外傷の癒しとは、ばらばらになった自己を再統合することです。ガラスの破片のように飛び散っている記憶の破片をつなぎ合わせ、身体、感情、認知、行動、魂の離反を統合し、生きた一個の全体を取り戻すことです。すなわち「癒し」とは全体性の回復ということにほかなりません。

現代人の不安

癒しを求めているのは、虐待や暴力の外傷体験に苦しむ人ばかりではありません。病める現代という言い方がよくされます。現代人の不安、近代の疎外といったことが論じられてきました。うっとうしい暗い曇天のように人々にのしかかってくるこの疎外感や不安は二一世紀に入っても、犯罪や天災が頻発する世界の終末的様相と相俟って一層深まる一方です。私たち現代人の多くが癒しを求めているのです。

「近代とは人間の理性と知性が、感情を、自然を、時間を、世界をコントロールできるのだという合理性の勝利の凱旋歌とともに突き進んできた。現代人の私たちはそれがもたらしたテクノロジーの恩恵をこうむって日常生活を送っているわけだが、同時に合理的精神およびその産物としてのテクノロジーは人間の内面の非合理な暗い感情を救ってはくれないことに気がつきはじめた。

危機的状況にある環境破壊、それがもたらす人間のみならず生態系全体の病。（中略）いずれも理性と知性をひきいる人間の合理的意志が自然を、時間を、そして人間自身をもコントロールできるものではなかったことの例証である。理性は万能ではなかったことを、現代人はとりかえしのつかない病と痛みとともに思い知らされる羽目になったのだ」（『エンパワメントと人権』森田ゆり著、解放出版社、一九九八年)。

現代の病とは、全体性を失ってしまった自我、身体と心、意識と無意識、理性と本能、自然と人間が分裂してしまっている病です。自然から疎外され、自分の中の無意識という自然からも疎外されていくつにも引き裂かれている自己は、その統合を求めてやみません。美しい夕焼けに出会ったとき、深山の清冽な空気に触れたとき、満天の星をあおいだとき、私たちは自己が地球と一体化する全体性をほんの一瞬だけでも取り戻して、深い感動を得るのです。

外的自然と内的自然

自然は私たちに多大な安らぎを与えてくれます。海や山へ出かけなければ自然に出会えないわけではありません。大都会のビルの間にも小さな自然は息吹いています。コンクリート道路の隙間から茎を伸ばし花を咲かせているたんぽぽの姿にも人は安らぎを得ることができます。

私は海外で二五年暮らしたのちに日本に仕事の場を移したとき、日本の四季の持つ癒しの力をとても新鮮に感じました。

その後、虐待に至った親の回復・MY TREEプログラムを開発した際に、自然の四季をその中で活用しました。児童相談所などで実践を続けて二〇年、数量的効果としても、修了生のナラティブからも、自然の力、ヨーガや瞑想の力が大きく回復に寄与したことを見てきました。

先日も「私の木《マイ・ツリー》」を決めて毎日見る瞑想を続ける課題について、一人のプログラム参加者が言いました。「以前だったら通り過ぎていた木。立ち止まって見るほんの二〇秒が、なんてぜいたくな時間だろうとしみじみ思いました」

私たちは誰でもが内なる広大な自然を持っています。無意識という自然です。心の癒しとは、自分の中の膨大な自然＝無意識を受容し、ケアし、そこに息づく生命力と呼吸を合わせることです。自分の内なる自然の生命力が十分に感じられないときは、本物の外なる自然に身を置き、裸足で地面をしっかり踏みしめて大地の命を吸い上げることです。木の葉に跳ね返る光の空気を胸一杯に吸い込むことです。

人間の命を育んでくれた自然が傷つき病めば、人間の心と身体も傷つき病みます。人は存在そのものが一つの宇宙をなす全体であるのと同時に、地球・宇宙の生態系に連なる大いなる全体の一部です。

自分の内なる自然からも、外なる自然からも疎外され、分断され、一体感を持ちえない現代人の私たちは全体性を求めてやみません。

性暴力のトラウマに苦しむ人々にとって、内と外からの疎外感は人一倍強いものです。長すぎると思える癒しの旅は、身体と感情と理性と魂の統合を求める全体性回復の歩みでもあります。

癒しとは全体性の回復のために、あなたの過去の物語りの飛び散った破片をつなぎ合わせて再統合し、あなたの現在と未来の物語りを創造することです。

七層の出会い

二〇〇二年に出版した『癒しのエンパワメント　性虐待からの回復ガイド』で、『沈黙をやぶって』で概略だけを提示した性暴力からの回復の「癒しのビルディング・ブロックス：七層の出会い」を支援者にも、そして中学生から老年のサバイバーに至るまで誰にでも使えるようにわかりやすく書きました。

このモデルは私が米国と日本で性暴力サバイバーへのグループワークとセラピーを行う中で少しずつ積み上げ修正を重ねてきたものです。

方法論的には一九八〇年代に私が米国で受けたトレーニングのすべての影響を受けてい

ます。特にミルトン・エリクソンの流れをくむ催眠療法、カール・ユングとエリクソンの影響の濃いイメージ催眠セラピー、ソマティックな問題解決セラピー、ナラティブ・セラピーなど。また、ジョン・ブリア、サンドラ・バトラーなどのフェミニズムの視点を定めたセラピストやトレーナー。虐待被害者・性加害ティーンズへの心理治療では当時世界的な第一人者だったエリアナ・ギルやトニー・ジョンソンからいずれも直接の指導を受けたことで具体的なスキルを学びました。

癒しとは出会っていくこと

心の傷を癒すということは、身体、意識、無意識、そして魂をひっくるめての自分という存在をいとおしみ、大切にし、付き合い続けていくのは自分以外にはないという現実に立ち続けることです。その現実をしっかり見つめながら、なおかつ他人と自分の闇を共有しようとすることにほかなりません。

心の傷を癒すということは出会っていくことであると私は概念化しています。自分の記憶に出会うこと、語れる人に出会うこと、自分の中のもう一人の自分に出会うこと、自分の内なる家族に出会うこと、自分の中の自然に出会うこと、仲間に出会うこと、生きたいと欲する自分の生命力に出会うこと。このようないくつもの層の出会いのプロセスが癒し

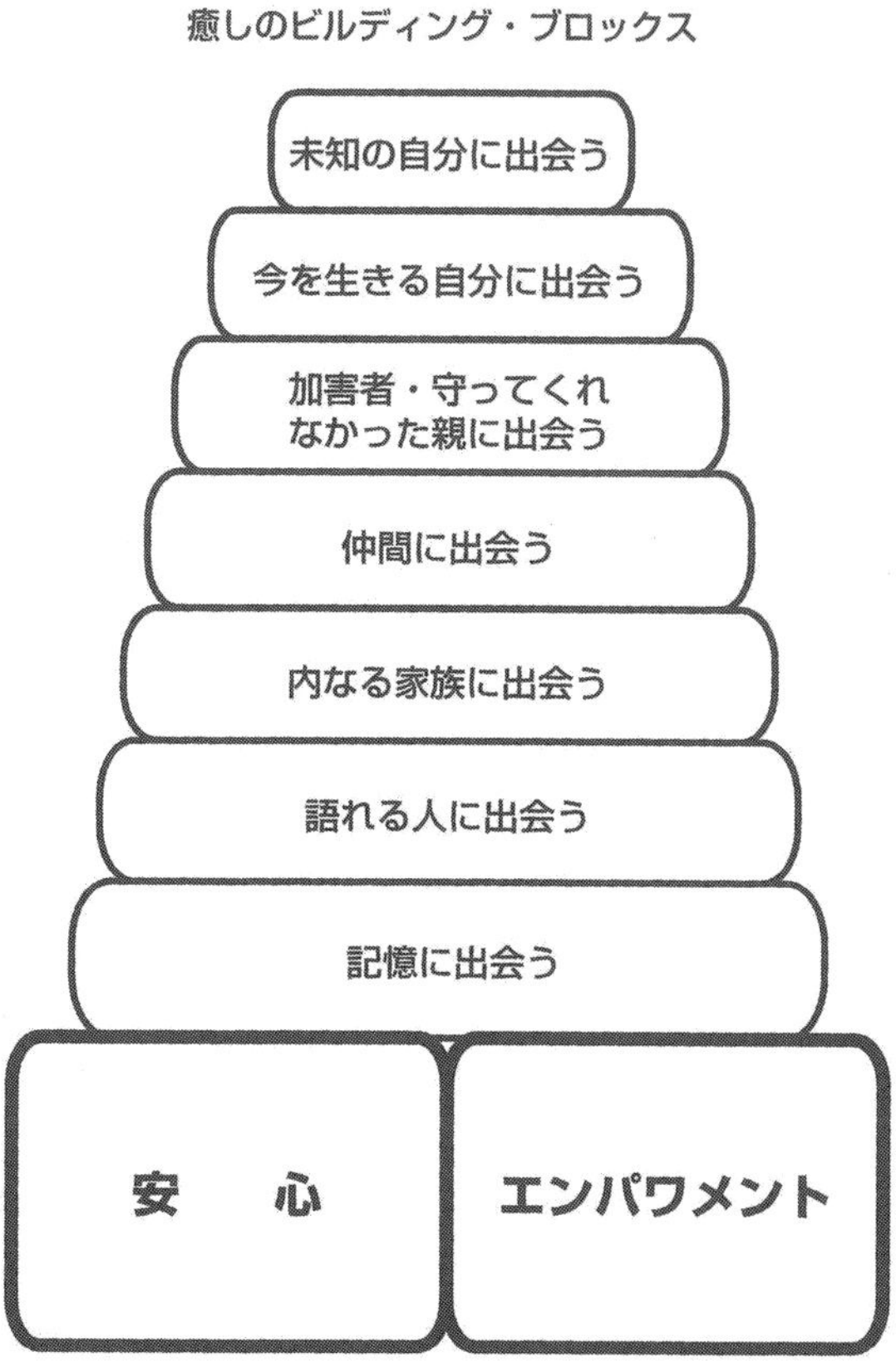

森田ゆり著『癒しのエンパワメント』（築地書館）より

ということです。
その癒しのプロセスを私は図にあるような「安心」と「エンパワメント」の二つの土台と七つの出会いのブロック層として考えています。

性暴力体験は一人一人違います。その後どのように生きてきたかもまたさまざまです。それゆえに回復の方法に唯一の道などあるはずもないので、このモデルはあくまでも性暴力からの回復の一つのガイドです。

七つの出会いのビルディング・ブロックスは下から積み上げていくものですが、回復の展開の全体像を当事者やその援助者にわかりやすく把握してもらうために、回復の複雑なプロセスをあえて単純化したものです。このブロックを直線的に登っていくようなことは実際にはまずありえません。むしろ螺旋状に登っていくことになります。同じ層を何度も体験し、その都度、自分についての新しい発見をし、手放すものを手放し、必要なものを取り入れ、少しずつ生きる強さを回復していきます。それぞれのブロックを行きつ戻りつ、飛び越したりしながら、少しずつ、しかしあるときは一気に、自己の感情と理性と身体のコントロールを獲得し、今を生きる社会的存在としての自己を取り戻すのです。

ボディートーク

外傷体験によるトラウマの癒しには、身体感覚が重要な役割を果たします。人は身体、感情、理性が有機的につながり交流しあっている存在です。性暴力を受けたことであなたの中で凍結してしまった感情は、意識上では記憶されていなくても、身体が覚えています。だからその封印された感情を解き放つには身体感覚に注目し、身体の声を注意深く聴く必要があります。このように身体を癒しの中心に置く方法をソマティック・アプローチと呼んでいます。

丹田腹式呼吸で心身を充分にリラックスさせて、意識を休めます。

次の①〜⑧の項目を身体図のどこで最も感じるか、その身体の部分をそれぞれ異なった色で塗りながら、自分の身体で感じます。

①あなたの丹田に手をあてて下さい。（へその少し下にある心身の気の中心）
②怒りをどこで最も強く感じますか？
③寂しさをどこで最も強く感じますか？
④「わたしが悪い」とどこで最も強く感じますか？

身体図

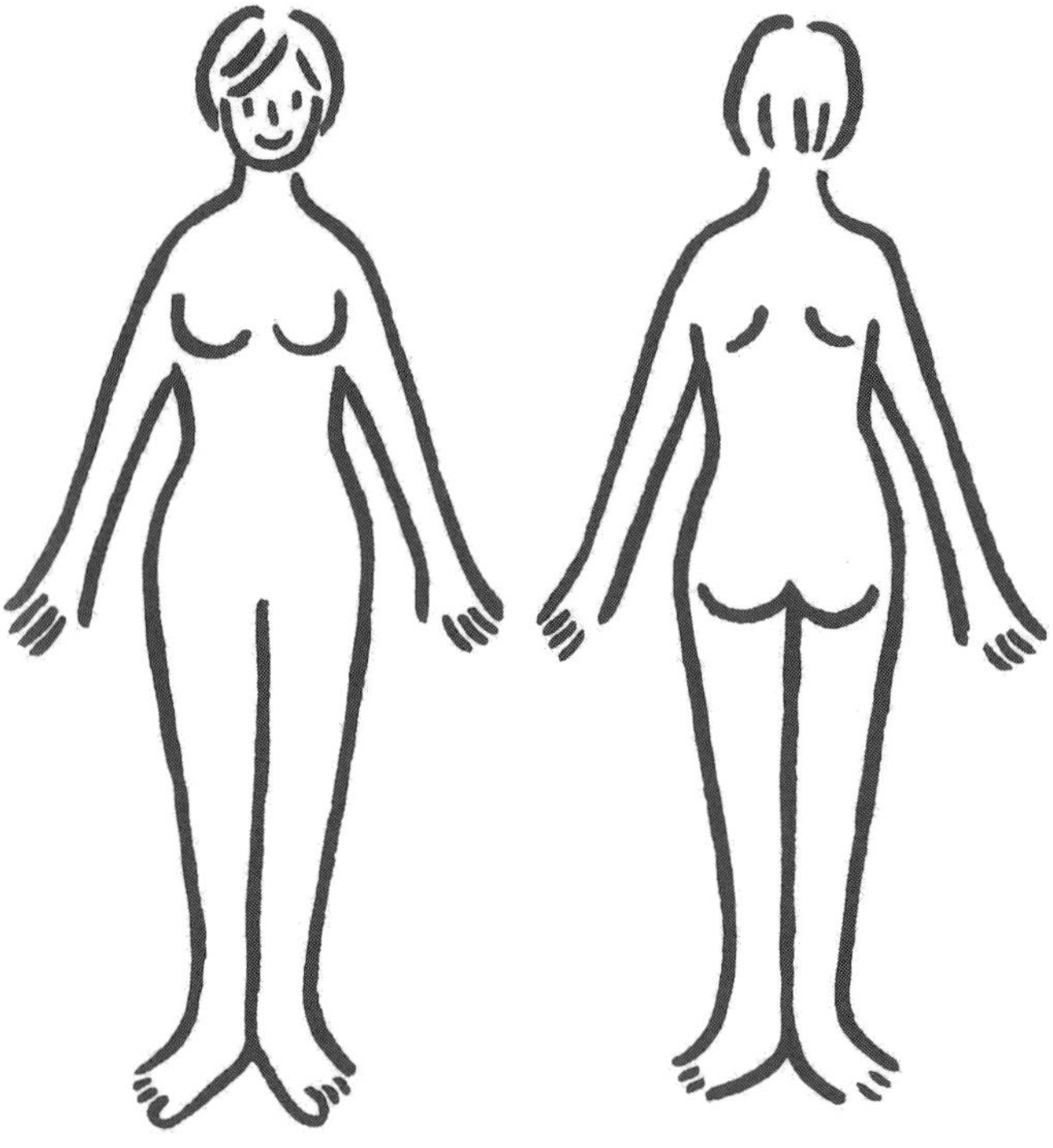

森田ゆり著『癒しのエンパワメント』より。イラスト　大槻紀子

⑤恐怖をどこで最も強く感じますか？
⑥嬉しさをどこで最も強く感じますか？
⑦創造力をどこで最も強く感じますか？
⑧インナーチャイルドはあなたの身体のどこにいますか？
⑨丹田に手を当てて、腹式呼吸をします。鼻からゆっくりと五カウントで息を吐いて、肩の力を抜いて、座骨から大地につながります。鼻からゆっくりと三カウントで吸って二カウント息を止めて、天にやさしく引き上げられます。ゆったりした気持ちになるまで何度も呼吸します。
⑩全身に暖かい光のシャワーを浴びていると想像します。美しい光の粒子が今あなたが感じている身体の痛みや不安や恐れの感覚を洗い流している（クレンジング）とイメージします。

身体図に①〜⑧を色で書き入れたら、今度は①〜⑧のいずれかについて身体と会話をします。これは自分一人でできなかったら、セラピストか友人に、あなたの身体に向かって質問してもらいます。

たとえばこんな具合にです。今、あなたは怒りをこめかみで強く感じると身体図に書き入れたとしましょう。Tはセラピスト、Bはあなたの身体のその部分です。

T：怒りを感じているこめかみさん。あなたの言いたいことは何でしょう?

B：ズキズキと痛いのです。脳よ。怒りの司令をわたしに出すな。怒るとこのこめかみがきりきり痛くてたまらない。

T：脳があなたに命令している怒りは誰に対してですか。

B：今週はずっと母への怒りがこみあげてくる。兄からの虐待の話をしようとするたびに、『お茶を入れてくるわ』と言って席を立ってしまう母に。

心身を充分にリラックスさせて、意識を内面にのみ向けた軽いトランス状態ですると、身体が勝手にしゃべる感覚がわかります。もしそんなことが起きなかったら、想像でいいですから思いつくことをなんでも言ってみましょう。このような対話をセラピストと①〜⑧について行います。一度に八つ全部の対話をするのではなく、そのときのセラピーの中で取り組んでいるテーマと関連することがあったときに行います。セラピストはそのときクライアントの身体がしゃべったことに過大な価値を付与したり、それを分析、解釈したりしません。ボディートークが意義を持つか持たないかはそれをしている本人にしかわかりません。本人にとって意味ある身体の言葉は残るし、意味のない言葉ならば残らないのですから、セラピストはここではただ証人となるだけです。
終わりに必ず⑨の腹式呼吸と⑩のクレンジングをします。

このアクティビティーは身体の声に耳をすますための練習です。身体は外傷体験に伴う感情を記憶しているだけでなく、あなたの健康と安全を守ろうとする知恵も持っています。身体がもう疲れたから休みたいと発信しているのに、それを無視して仕事を続けたり、過度な運動を続けたりすることは誰にでもあることです。加えて性暴力サバイバーは感じることを自分に許してしまうと、強い不安に支配されてしまいそうな恐れが先立って、身体の素直な反応を無視し続けていることがあります。身体の感覚を受け入れることで不安に圧倒されそうになったとしても、⑨や⑩をすることで安心を取り戻すことができるとわかれば、少しずつ恐れは減少していきます。

インナーファミリーの円卓会議

「その子との出会いは衝撃的だった。
宮沢賢治の童話『風の又三郎』のように、その子は風が吹いて大きな木が揺れ、ザザザーッと葉が鳴ると同時にわたしの目の前に現われた。十歳ぐらいの三つあみ髪の女の子。

短いスカートから筋肉質の両足がのぞいているアスレティックな感じの子だった。二度目に会ったときから、その子はわたしの右腕に彼女の腕をからめて歩くようになった。そのもたれてくる彼女の重みが心地よく、跳びはねんばかりに弾んだエネルギッシュなスピリットが新鮮な息吹をわたしに吹き込んでくるのだった。(中略)
その子の名前はリトル・ユリ。わたしの内なる子どもである」
これは四〇年近く前に出版した拙著『子どもに会う　体験的子ども論』(アドバンテージサーバー、一九九四年)の中の一節です。

大人はそれぞれの潜在意識に自分の子ども時代の未解決の悲しみ、怒り、痛み、無力感を沈殿させたまま生きています。それは両親の離婚がもたらした怒りであるかもしれない。人前で笑いものにされた悔しさかもしれない、親子の確執かもしれない、暴力を受けた恐怖と無力感かもしれない。いずれにせよやり場のない思いを抱えたままの過去の子どもを、現在の意識にあたかも生きている存在として浮かびあがらせ、その子どもに話しかけ、愛情を注ぎ、大人になった今の自分との関係を作っていくというセラピーの一方法です。
内なる子どもは、傷つき愛に飢えた子(wounded child)であるだけでなく、何の不安もない幸福に満たされた子(magical child や wonder child)でもあります。その両方の子をあわせ持ったリトル・ユリが私の前に現れて以来、彼女は私のものの見方、行動、選択の一つ一つに関与するようになりました。忙しさにかまけて私が彼女の存在を忘れていると、私の注意を惹こうとして、彼女はきまって私の脇腹を内側から蹴飛ばすのです。

内なる子どもに初めて会ったのは、八〇年代の初め、カリフォルニアでイメージ催眠療法セラピストの資格を取得するための二年半の集中訓練の中ででした。

イメージ催眠セラピー

その当時、北米ではミルトン・エリクソンの影響下に、催眠セラピーはクライアントの深層意識に直接働きかけ、クライアントの持つすべてを治療の資源へと転換する効果的な方法として再評価されていました。

自由連想、夢分析、教育分析といった従来の方法が、深層意識を外から理解しようとする努力であるのに対して、催眠セラピーは深層意識の内に直接入ってそれを体験してしまう。たとえて言うと、月面を高度な望遠鏡で観察するのが従来の方法だとするなら、催眠セラピーは月面へ実際に行ってしまうことです。

人間の通常の五感による認識や記憶は意識全体のほんのわずかにすぎず、人はみんな膨大な無意識という大海を内にたたえています。催眠セラピーはその身体と無意識に記憶されている情報と感情と資源を呼び覚ますがゆえに、従来の精神分析の方法より早くかつ深い変化をもたらします。

私が訓練を受けた催眠療法は、ミルトン・エリクソンの解決志向催眠療法とカール・ユングの元型（アーキタイプ）／心的イメージの両方の影響を濃厚に持つ方法です。二年半のトレーニングには、年配の精神分析医たちが数人参加していました。ロールプレイで一緒に練習したために親しくなった五〇代の医師は、自分が今まで使ってきた精神分析の方法では、トラウマ治療に限界があるので、催眠療法を新たに学んでいると語っていました。

日本では催眠療法というと催眠術のようなことをするのかと誤解されることが多いので、私は自分の使う方法を日常会話の中ではインナーファミリーセラピーと呼ぶことにしています。内なる家族の面々に出会っていきますが、最初に出会うのはインナーチャイルドです。

インナーチャイルド・ワークは日本でも知られていますが、わたしの使うインナーファミリーセラピーはインナーチャイルドの他に、心の中のいくつもの異なったサブ・パーソナリティーに出会っていきます。現実の親とは別の内なる親、内なるパートナー、内なるスピリチュアル・ガイド、内なるセラピスト、さらに老賢人、トリックスター、裁判官、

森田ゆり著『癒しのエンパワメント』より。イラスト　大槻紀子

女神、動物などいくつかの元型（アーキタイプ）にも出会っていきます。これらのサブ・パーソナリティーが内なる家族の面々です。これらの家族たちが出席する円卓会議はトラウマ治療に限らず、日常の小さな内的葛藤への対処にも役立ち、活用範囲のたいへん広い方法です。

筋肉弛緩法などを使って心身をリラックスさせ、意識を自分の内面に向けて集中させた状態をトランスと呼びます。ごく軽いトランス状態の中で、クライアントは現在の心理状態をもたらした原因となっている傷ついた子どもに出会います。いじめに遭った、性暴力被害に遭った、親と離別した、親に愛されなかった、親に言い返すことができなかった、虐待された、こうした傷つき体験がもたらした感情は表出されないまま何年も身体の中をさまよっています。このインナーチャイルドは凍結したままの感情、あるいは変形してしまった感情を一身にため込んだ存在です。クライアントは内なる家族の存在に支えられながら、インナーチャイルドとコンタクトをとりながら、子ども時代の未解決の出来事を再体験し、抑圧してきた感情を表出（ディスチャージ）し、さらにその出来事を再構成します。

過去の不幸な出来事を変えることはできません。しかしイメージの中では可能なのです。

内なる家族の面々の力を借りながら、内なる子どもは過去の出来事を作り替えます。イメージの中で再構成された場面では内なる子どもが救出されます。勝者となります。言えなかった一言を言うことができます。加害者に抵抗できるのです。加害者を檻の中に閉じ込めてあなたに土下座して謝らせることも可能です。防げなかった暴力の場面に力強い味方が登場して、加害者をやっつけてくれるのです。ここで重要なことは、どんな場面が展開するかではなく、クライアントが展開する場面における身体感覚と感情の動きを克明に語ることで、自己コントロール感と自分への信頼をとりもどすことです。

過去の再構成のこのプロセスで、クライアントは凍結した感情を溶かし表出し、怒りを爆発させ、たくさん泣き、勝利の喜びを感じ、状況をコントロールできるとの信念を思い出し、さらに固まった認知や、思い込みを手放します。リプロセスとも呼ばれている治療過程です。

その治療過程を助けてくれるのが先に挙げた内なる家族の面々です。この家族の中心人物は現在の本人、傷ついた子、幸福な子です。幸福な子が傷ついた子と一体である場合もあります。

内なる家族のメンバーの力を借りながら、セラピーでは、軽いトランスの中で、虐待現場からの救出場面、守ってくれなかった大人たちへ言いたくても言えなかったことを言う場面、加害者との対決場面、加害者の裁判、円卓会議などを行います。

円卓会議はイメージの中で会合のテーブルについた内なる家族の対話をセラピストが進行させていき、クライアントの認知と身体に大きな気づきをもたらし、物事の決定や選択を助けてくれるプロセスです。

内なる家族が一団となってクライアントのために活躍するこのセラピーでは、現実のセラピストはガイドにすぎません。すなわちクライアントは自分自身の心の中に「内なる家族」という優れた支援者集団を持つのです。


精神科医やセラピストは「治療する者」、クライアントは「治療される者」という従来の医師―患者の関係は、好むと好まざるとにかかわらず力関係をもたらします。しかし「内なる家族」を支援者集団とするこの催眠セラピーの方法は、従来の治療関係の枠組みを使いません。クライアントは自分の内にある治癒力と豊富な資源の可能性に気づき、それを日常的に使う方法を学んでいくのです。セラピストに会わなくなっても、クライアントはもう一人ではありません。内なる家族が一緒にいてくれるからです。

ミルトン・エリクソンは二〇世紀の催眠療法とブリーフセラピーの世界的な臨床実践家

として知られています。彼は一七歳のときにポリオにかかり、死の危機からかろうじて逃れ、その後ずっと言語、聴覚、視覚、学習能力、肢体の筋肉など多くの機能不全を持ちながら新しい心理療法の開発と実践に精力的に取り組みました。

たくさんの伝説的なエピソードのあるエリクソンはこんな逸話を残しています。

彼が子どもの頃友人と二人でいなか道を歩いていたとき、主人とはぐれた馬に出会います。エリクソンは友人に「この馬を持ち主に返してくる」と言って馬にまたがりました。友人は「この馬がどこから来たのか、誰の物なのかも知らないのに、そんなことできるわけがない」と言いました。「大丈夫」とエリクソンは言い残して、馬を蹴って走らせました。

馬は走りながら右へ左へと寄り道をしましたが、ついに主人の家に辿り着きました。

主人は驚いて聞きました。

「いったいどうやってこの馬をうちまで連れてくることができたんだ？」

エリクソン少年はこう答えました。

「私はここを知らなかったけれど、馬は知っていた。私がしたことは馬が立ち止まらないように進ませたことと、馬の進む方向をガイドしただけです」（Solution Oriented Hypnosis: An Ericksonian Approach by W. O' Hanlon & M. Martin 1992, W. W. Norton

& Company, Inc)

セラピストができることはサバイバーの孤独な癒しの旅に同行し、ガイドすることです。進む方向を見出す資源はサバイバーの内にあるのであって、セラピストにあるのではありません。歩き続ける力はサバイバーの内にあるのであって、セラピストはそのことを忘れないように思い出させ続けるだけです。

私の使うインナーファミリーセラピーの方法をここで説明することはこの本の目的ではありません。それをするにはクライアントの中に安心の網を周到にはりめぐらせ、細心の注意と配慮のための技法が必要です。軽いトランスに入る方法、トランスの最中に強い感情に圧倒され身心のコントロールを失いそうになったときにすること、クライアントの抵抗を取り除く技法、内なる家族会議の進行法、イメージの中で経験したことを日常生活の中で生かすことを可能にする深層意識への働きかけの技法（アンカーリング）、トランスから出るときの暗示法などは、文章で説明することは困難ですし、また本で読んで実行して効果を持つとは思えません。

それらの技法の習得に加えてセラピストには、内なる家族の面々の会話をファシリテートする対話力（ダイアローグ）が不可欠です。

男性サバイバーにとっての内なる子ども

性暴力の男性サバイバーにとって、内なる子どもと対話し、共に泣き、抱いてあげることは女性サバイバーよりさらに困難です。「男子は強くあるべし」「男子はめそめそ泣いたりしない」「男子は自分を守れなければ」といったジェンダー意識によって、内なる少年は心身のどこか奥のほうの牢屋に閉じ込められています。

外傷体験の恐怖におののき、恥に汚染され、「NO」の一言すら言えなかった自分の弱さを負った小さな少年は「たくましい男らしさ」を要求される社会での日常生活には出てきてほしくない存在です。内なる少年を自分の中に探し出すことが困難な男性もいます。しかし男性サバイバーの場合はとりわけ、「弱さ」の象徴としてひたすら否定され続けてきた内なる少年と出会い、彼を抱きしめてあげることが回復にとって不可欠です。

一一歳の時、野球のコーチから繰り返し性暴力を受けたTさんは、内なる少年と出会ったときから、急速に回復したといいます。

「恥。これが一番厄介な感情だった。男の恥。恥ずかしい行為。恥ずかしい自分。一一歳の自分の記憶はすべてこの忌まわしい恥に汚染されていた。汚臭を発している恥にまみれた少年を憎んできた。だからその存在すらずっと否認してきた。

セラピストの力を借りてその少年と出会ったとき、初めて心から泣いた。あんなに泣いたことは人生でなかった。それは爽快な号泣だった。少年に申し訳なくて泣いて謝った。二十数年も痛みと恐怖と恥とを私の代わりに引き受け続けてきてくれたその少年に感謝して泣いた。私はこの内なる少年を大切にしていくことを誓った。二度と無視したり、放り出したり、どこかに閉じ込めたりしないと。以来、私の回復の旅は実におもしろくなった」

『癒しのエンパワメント：性虐待からの回復ガイド』に載せた「お話作り」のワークは、すぐに使えるかもしれないので、ここにそのまま引用しましょう。

お話作り

信頼する人と、あるいはセラピストと一緒にお話を作ります。グループワークとしても使えます。サバイバーは出会った自分の内なる家族の面々をお話の中に登場させます。内なる家族以外の人たちが登場する話になってもかまいません。ただし、ハッピーエンドの物語になるように努めてください。

お話作りが治療的効果を持つためには、訓練を受けているセラピストと行う必要があります。しかし友人や仲間とやっても、気づきを得たり、隠されていた感情をある程度放出することができます。お話は二人で交代に少しずつ作ります。

グループでする場合は、畳一枚以上の大きな紙にクレヨンで全員が少しずつ絵を描いて一枚のストーリーのある共同画を作るのもよいでしょう。

あまり深く考えずに、思いつきをどんどん言うやり方をとります。途中で後戻りして話を修正してもかまいません。

仲間と二人でするときは、特定の一人の癒しのためにという役割を定めた方が効果的です。ここではAさんの性虐待によるトラウマの癒しを進める一助として、という前提で行っています。

A「一〇歳の女の子が道に迷いました。泣きながら歩いていると突然秘密の花園を見つけました」

B「そこは塀に囲まれた所で、ドアを開けたら目の前に、たくさんの色とりどりの花が咲き乱れている花園があらわれたのです」

A「ひとつひとつの花の匂いをかいだりしているうちに、女の子は楽しくなってきました。もう泣いてはいません」
B「そこに、誰かがやってきました。誰だろう」
A「きつね」
B「それはどんなきつね？　大きさは？　色は？　顔つきは？　きつねは女の子になんて言ったの？」
A「一緒に遊ぼうって」
B「女の子は遊びたかったの？」
A「そう。秘密の花園にいるきつねはいいきつねに決まっているから」
B「何をして遊んだの」
A「ベンチに座ってあやとりをした。きつねはとてもやさしかった。でもしばらくしたら、きつねはもう帰らなくてはならないといいました。それを聞いたら急に女の子はきつねに見捨てられてしまうような気がしてこわくなりました」
B「女の子はきつねともっと遊んでいたいんだよね。じゃあそう言ってみたら。またここで会えるかどうか、どうしたらAさんがまた来るよって知らせられるかを聞いてみよう」

A「わたしがまた会いたいときにはいつでも出て来るよって。笛をくれた。その笛を吹くとすぐに来るからって」
B「その笛をもらって女の子はどんな気持ちなの？」
A「すごく嬉しい。ぴーぴーって笛を吹いている。きつねと握手した。不思議な感触だった。でも、またね、といってきつねは行ってしまった」
B「女の子はどんな気持ちなの？　やっぱりさびしくてきつねがもう二度と戻ってこないかもしれないと思ってこわいの？」
A「もうそんなことはない。笛を吹けばいつでも来てくれるんだから」
B「それから何が起きるのかな？」
A「叔父さんがやってきた。女の子をレイプしに来た」
B「秘密の花園の入口をどうして叔父さんは知っていたんだろう」
A「あとからつけてきたから」
B「女の子はどうするの？　かくれるの？」
A「かくれない。笛を吹く。ぴー、ぴー、ぴー。するとすぐにきつねがやってきた。叔父さんのおしりにきつねがかみついた。おじさんは痛い痛いと言って逃げていった」

B「そのとき女の子はどんな気持ちなの？」

A「すごく嬉しくて、また笛をぴーぴー吹いた。きつねが、『だいじょうぶ。こわくなったらいつだってその笛をふけば助けにくるからね』と言った。きつねと一緒にいるとすごく安心している。でも、空から鳥が言った。『だまされちゃいけないよ。そのきつね。化けているんだよ。ほんとはあんたを手なずけて、いつかレイプしようと思っているんだから』と。わたしはとても不安になった」

B「鳥ときつねとどっちを信頼したらいいんでしょう。わからないから、鳥に聞いてみよう」

A「鳥を見上げて『なぜきつねが化けているってわかるの？』。そう言ったとたんに鳥は空から落ちて地面に墜落した。墜落した鳥は一本のペンになって地面にころがっていた。これでおしまい」

と、こんな具合にお話を作り、その後、話の内容について語り合います。

一本のペンになった鳥はAさんの中にいるシニシストでした。子どもの頃から自分に向かって誰も信用してはいけない、誰も自分を理解できないと自分に言い続け、そう日記に書き続けて来た人間不信の源です。

Aさんはこの話を作ったことで、笛をぴーぴーと吹く感覚が自分の中にはっきりと残ったと言います。このような身体感覚を残すことをイメージセラピーでは、「アンカー（錨）をおろす」と言います。この笛を吹く身体感とその音が、物語が終わった後も、イメージ世界が終わった後も、現実生活の中で自分の内的な資源・力を活用するシンボルとなるのです。

状況を自分の力で変えることは可能だとAさんが思えるようになったのは、きつねからもらった笛によってでした。不安に圧倒されそうなとき、Aさんはきつねからもらった笛を吹くという、Aさんにしか効果を持たないけれど、Aさんにとってはリアルな不安対応のための選択肢をひとつ増やしたのです。

Bさん役のセラピストが、適切な質問をしてAさんのストーリー作りをファシリテートしていることに注目してください。この時セラピストに必要なのは、ファシリテーション力です。すなわち、ヴァリデーション力、質問力、対話力、そして進行の方向性を定める力です。

ヨーガと瞑想の効果

パートⅠで工藤千恵はこう書いています。

「被害に遭ってから、身体を動かすことが苦手だった私。

三〇代になり、妹に誘われて初めてヨーガを体験したとき、教えてもらった呼吸法に感動した。今まで、呼吸さえもしっかりできていなかったことに驚いたし、自分の身体の中を気がめぐっていくのを感じて、涙が出たことを思い出す。

『身体なんていらない』長年のそんな気持ちから、少しずつ大切に扱いたいと変わった。通ったのは、ほんの二年ほどだったけれど、定期的に悪くなっていた体調も落ち着き、毎月の生理も楽になり、長年の頭痛からも解放されて、信じられないくらい元気になった。

今でも簡単なストレッチをしたり、身体を擦ってみたりする。被害に遭うことで、他人に支配されたと感じた身体を、自分の意志で動かせてコントロールできることは、とても回復につながると、今は感じている」

私は二〇一四年から児童養護施設、児童心理治療施設、児童自立支援施設などでヒーリング・ヨーガを教えています。これらの施設では、さまざまな事情から家庭で養育できない子どもたちが暮らしています。近年は六割近くの入所児が親による虐待、ネグレクト、

DVの目撃を理由として入所していますが、その他にも親が入院、行方不明、死亡、拘禁、精神疾患などの理由で入所しています。PTSD症状、愛着障害、自閉症、ADHDなどによる困難を抱える子どもたちもいます。ヒーリング・ヨーガはこうした困難さを持つ子どもたちのストレス反応症状を軽減し、自分の身体に意識を配る瞑想の脳訓練で、集中力、注意力、感情調整力、自信を養うことを目的として実施しています。すでに欧米における近年の脳の画像研究によってヨーガのこうした効果が実証されてきています。

私も研究者の力を借りて数量的効果調査を続けてきて、ヨーガがストレス軽減だけでなく、集中力や感情調整力を高めていることを明らかにしてきました。加えて、心理士や生活担当の職員が子どもたちの変化を知らせてくれます。物や人に暴力的に当たることがなくなった。不機嫌やイラつきが減った。「いや」と言ってぐずることが激減した、落ち着いて話し合えるようになった、自信を持ち始めている、学校の成績が格段に上がった子どもも少なくありません。すでに六〇〇人を越える子どもたちに教えてきました。ヨーガ本来の伝統のダーナ（無料奉仕）に従って、報酬をいただかないで教えています。

Cさんは一〇歳の女子。父親からの性的虐待で分離措置になったのですが、入所してしばらくは選択性緘黙で誰とも話をしませんでした。初めてのクラスでも言葉は一言も出ませんでしたが、ヨーガはとても素直に受け入れてやっていました。クラスの中で、私は「ヨーガで一番大切なことは、体が柔らかいことじゃない。特別なポーズができることじゃない。

背骨と呼吸です。背筋をすっと伸ばして、ゆっくりとした腹式呼吸を続けること。この二つができている人はジュニアリーダーとして私と一緒に他の施設に教えに行ってもらいます」と言いました。そのクラスが終了したとき、彼女は私が座っているマットの横に来て、「ジュニアリーダーになりたい」とはっきりとした声で言ったのです。場面緘黙だと思っていたので声が聞けて驚きました。彼女も自分にびっくりしたような顔をしていました。周りの子どもたちも初めて彼女の声を聞いて目を見合わせていました。

その三カ月後、彼女はジュニアリーダーとして私と一緒に他の施設に教えに行くようになりました。

ヒーリングヨーガ

ALOHA KIDS YOGA《アロハ・キッズ・ヨーガ》™はヒーリングヨーガなので、心身にトラウマのある人たちへの配慮が十分に施されています。

まず呼吸法。ヨーガの最重要部分です。ALOHA KIDS YOGA™ではアーナパーナ瞑想という鼻呼吸を使います。それも必ず吐くを先に、吐くを長く。ゆっくり長く吐けば、吸いましょうと言葉をかけなくても自然に吸います。

多くのヨーガや瞑想では、まず吸って、と指導されるかもしれませんが、吸うを先にすると、トラウマを抱える人は、過呼吸を起こすことがあります。「吐く」は副交感神経を優位にするためリラックスした状態になりますが、「吸う」は交感神経なので緊張しやすいのです。

工藤千恵の身体がヨーガの呼吸法をして喜んだのは、ゆっくりとした深い腹式呼吸を一定時間続けたからです。深い腹式呼吸をするには、横隔膜と腹横筋を使います。そのため呼吸をするたびに内臓がマッサージされ、血液循環も良くなり身体が温かくなります。これがヨーガや瞑想が免疫力を高める最大の理由です。

通常の生活で私たちは浅い胸式呼吸をしています。ストレスが高まるにつれ呼吸は浅く、速くなります。その時は横隔膜や腹横筋などのインナーマッスルは使っていません。肩と首の筋肉を使って呼吸しているのです。だから肩と首が凝り、疲労と不快感を感じ、さらに呼吸が速くなるという悪循環にはまります。

大人向けのアロハヒーリングヨーガでは、以下のように整理して教えています。

腹式呼吸――深い――横隔膜と腹横筋などのインナーマッスルを使っている――内臓マッサージ

胸式呼吸――浅い――肩と首の筋肉を使っている――肩と首が凝る――ストレスがさらに高まる

性暴力サバイバーにはしないポーズ

いくつかのアーサナ（ポーズ）は性暴力サバイバーにはフラッシュバックを起こしやすいので、やりません。

シャバサナー（しかばねのポーズ）は、どの流派のハタヨガでも、クラスの最後にするリラクゼーションポーズです。仰向けに大の字に寝転がり、全身の筋肉を緩めて大地に身をゆだね、そのまま五～一五分瞑想します。しかし性暴力サバイバーの中には、このポーズをするとレイプされたときの身体の記憶が蘇り、苦しくなる人がいます。

アロハのヨーガでは、一応仰向けになる指示をしても、「この仰向けポジションでなくても、あなたが一番リラックスするポーズでかまいません」と付け加えます。

児童養護施設や児童心理治療施設のヨーガクラスには、性虐待を受けた子どももいます。こちらが仰向けになって全身を弛緩させる指示をしても、子どもたちの多くは、横向きに胎児のポーズになってシャバサナーをしています。ブランケットを頭からかぶらないとリラックスできない子どももいて、その子にはブランケットを持ってくることをOKしています。

ハッピーベイビーというポーズは、赤ちゃんがオムツを替えてもらっているときのようなポーズで、もろに性暴力被害を連想させるので、ALOHA KIDS YOGA™ではしません。

ツリーポーズで片足を上げるときは、「かかとだけ少し上げて、つま先は下につけたままでもいいです。もちろん上のほうに上げてもいいです。どこに足を置くかはあなたが選べばよいのです」と必ず言います。虐待や暴力の被害を受けた人は、チョイス（選択）することを許されませんでした。そのため自分の判断や好みで選んで行動することに困難を抱えている人が少なくありません。選べることの自信をヨーガの安心感の中で少しずつ体験してもらいます。

その他にも、身体の痛みや硬さを和らげるためのたくさんの配慮を施しています。

毎日五分の瞑想のパワー

瞑想の効果は毎日続けることで表れます。続けるモチベーションを高めるために、「めいそう（へんとう体トレーニング）三五日間シート」（次頁参照）を作りました。

児童心理治療施設のヨーガクラスに新しく参加した小学四年生のYくんは「多動な子です」と職員から私に紹介されました。妹に性加害をしたことで入所になったそうです。

学校では前の席の子の首をしめたり、砂をかけたりと他の子どもの嫌がることをしてしまい、そのことで学校から毎日のように電話がかかってきていました。そこで彼には、このシートを使って毎日五分の瞑想をする課題を出しました。担当職員が、毎朝声をかけ、タイマーで測り、週に一回はコメント欄に記入してもらいました。

三五日間のシートがシールで一杯にならない内に、Yくんに変化が起きました。学校での問題行動が減っていったのです。シートが全部一杯になった頃には、他の子に嫌がらせをする行動は全くなくなり、学校の先生も職員も驚きました。

毎日瞑想していたからなのか、ヨーガのクラスでも、瞑想する姿勢は背筋がいつもスッと伸びていて他の子たちよりダントツきれいで引きしまっていました。

「他の子の嫌がることしなくなったのは、どうしてなの？」と私は聞きました。

「わかんない。そういうのつまんなくなったからかな」

「すごいね。多分毎朝続けて来た五分間脳トレ瞑想が効いたからだと思うよ。これからも毎日続けてね」と返すと、

めいそう（へんとう体《たい》トレーニング）

年　　月　　日～　　月　　日　　　　なまえ

							コメント
							コメント
							コメント
							コメント
							コメント

＿＿＿＿＿日　たっせいしたー‼ Yes, I did it !!　Congratulation !

ヤッター！　ヤッター！　イエーッ！

おめでとう！！

森田ゆり作『エンパワメントの道具箱・小冊子シリーズNo 3 ALOHA KIDS YOGA《アロハ・キッズ・ヨーガ》™』より

「僕、すごいかな」と目を輝かせて嬉しそうでした。
それは自分の意志で自分の行動をコントロールすることができることを知った喜びだったのだろうと思います。

Kくんは、小学六年生のサッカーとフットサルが大好きな少年。ヨーガも熱心に参加しています。あるクラスの最後に私は、「この脳トレシートを一枚やり終わった人、私のところに持ってきたら、アメリカから買ってきたお菓子をプレゼントします」と言いました。
K「そうなの？　僕、半年前からやってるからもう四枚目だよ」
森田「えー。もう四枚もやったの？　早く持ってくればよかったのに。アメリカのお土産あげるから」
K「別にそんなもんいらんけど。持ってくるよ」
Kくんが見せてくれたくしゃくしゃになった三枚のシートには、確かに三五日分のシールが貼ってありました。
森田「すごーい。四カ月近くも続けてきたんだから、きっと何か自分に変化を感じているでしょう？　それはどんなこと？」
K「そりゃ、集中力だよ。サッカーのリフティング練習が、前は一〇回ぐらいだったのに、今は三〇回はできる」

Cさんは、中学三年生の女子。親からの虐待で入所一年目。親元に帰る可能性はないそうです。ヨーガと瞑想大好きと言って、休まずクラスに参加しています。あるクラスのあと、私が食堂で夕食を食べていると隣にやってきて、嬉しい話をたくさんしてくれました。C「ヨーガと瞑想をやるようになって、心理の先生に自分の気持ちを話せるようになったの。それと、私って集中力がないから漫画本でも最後まで読めなくて、途中で投げ出していたんだけれど、この連休に、本を三冊も読んでしまった。すごくない？　ヨーガと瞑想のおかげだよ」

その後も、Cさんは自分の変化を報告に来てくれます。テストでいい点数がとれるようになったこと。高校入試の面接の前に、瞑想をして心を落ち着けて臨んだこと。

施設の彼女の心理セラピストが、「それ、全部本当のことですよ」と教えてくれました。

ヨーガは脳トレ・ヨーガは筋トレ

児童養護施設でヨーガクラスを始めて二年目で、一人の小六の男子が言いました。
「ゆり先生は、僕たちに静かにしてほしいからヨーガを教えにくるの？」

ヨーガは筋《きん》トレ

筋肉《きんにく》はストレッチしてトレーニングしていないと弱《よわ》くなってしまう。ALOHA《アロハ》 KIDS《キッズ》 YOGA《ヨーガ》で特《とく》にトレーニングする大切《たいせつ》な3つの筋肉《きんにく》は？

横隔膜《おうかくまく》

膜《まく》という名前《なまえ》だけれど筋肉《きんにく》です。ヨーガの深《ふか》い呼吸《こきゅう》をしているだけで、ここをきたえています。世界《せかい》のトップアスリートたちはこの深《ふか》い呼吸《こきゅう》をドローインと呼《よ》んで、体幹《たいかん》（コア）をきたえ、筋《きん》トレのきそにしています。

横隔膜《おうかくまく》はパラシュートのかたち

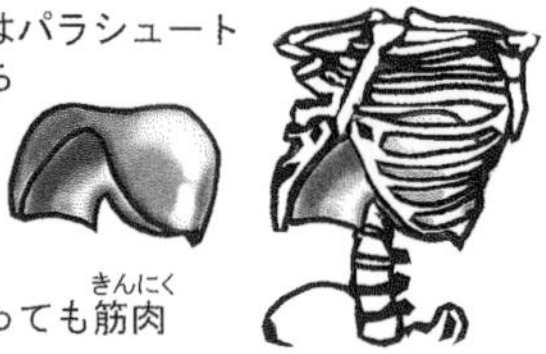

膜《まく》といっても筋肉《きんにく》

肩甲骨《けんこうこつ》

ヨーガでまっすぐ両手《りょうて》を天《てん》にのばすたびに、背中《せなか》の大《おお》きな三角形《さんかくけい》の骨《ほね》まわりの筋肉《きんにく》をきたえます。ALOHA《アロハ》 KIDS《キッズ》 YOGA《ヨーガ》でするいくつもの肩甲骨体操《けんこうこつたいそう》はたるんだからだをひきしめます。

大腰筋《だいようきん》

人間《にんげん》が立《た》って歩《ある》くためにある筋肉《きんにく》。 上半身《じょうはんしん》と下半身《かはんしん》をつなぐ大《おお》きなインナーマッスル。ヨーガのたくさんのポーズがこの筋肉《きんにく》をきたえます。気持《きも》ちや気分《きぶん》にも関係《かんけい》することがわかりつつあります。

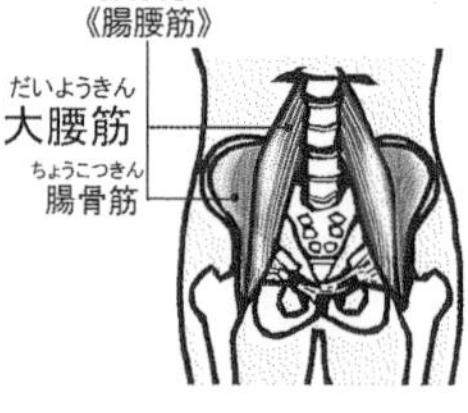

森田ゆり作『エンパワメントの道具箱・小冊子シリーズNo3
ALOHA KIDS YOGA™《アロハ・キッズ・ヨーガ》』より

ヨーガを続《つづ》けると心《こころ》とからだにいいことがたくさん起《お》こる

ヨーガは脳《のう》トレ

「ヨーガで何《なに》しているの？」ってきかれたら、、、？
「脳《のう》トレ、脳《のう》のへんとう体《たい》をトレーニングしているって答《こた》えていいんだよ」
おぼえているかな？ 脳《のう》のことも習《なら》ったね。3つの大切《たいせつ》な場所《ばしょ》の名前《なまえ》は？

海馬《かいば》 ⇆ **へんとう体《たい》** ⇆ **前頭前野《ぜんとうぜんや》**

この三《みっ》つはネットワークでつながっている

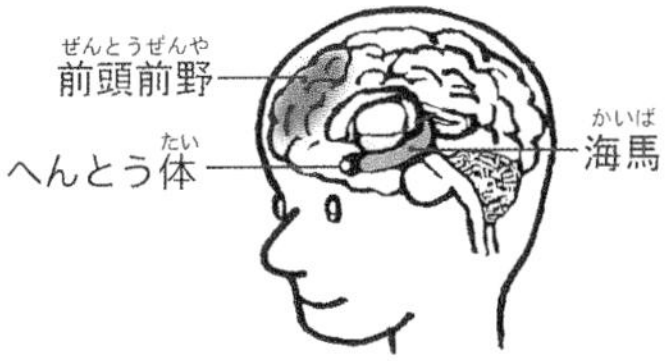

それぞれの役割《やくわり》は何《なん》だった？

へんとう体《たい》 「気持《きも》ち」例《たと》えば誰《だれ》かからなぐられたら、こわい、にげたいと思《おも》う気持《きも》ち。

海馬《かいば》 「記憶《きおく》」 図書《としょ》かんみたいなやくわり。

前頭前野《ぜんとうぜんや》 へんとう体《たい》と海馬《かいば》の発信《はっしん》を受《う》けて考《かんが》えて行動《こうどう》する。
へんとう体《たい》の反応《はんのう》が大《おお》きすぎると、前頭前野《ぜんとうぜんや》はちゃんと考《かんが》えて行動《こうどう》できなくなってしまう。毎日《まいにち》めいそうすると、へんとう体《たい》がいつもおだやかになるように脳《のう》トレしているので、自分《じぶん》の外《そと》でおきることにいちいちオーバーに反応《はんのう》しないですむようになる。
そして集中力《しゅうちゅうりょく》がグーンと高《たか》まる。

その質問に私は驚きました。

「えー！　そんなふうに思っていたの？　皆に静かにしてほしいなんて先生は思ってないよ。何のためにヨーガと瞑想をしているかといったら、みんなの脳のトレーニングのためよ」

次のクラスで、脳で何をしているのかを説明するために脳の図を作り、扁桃体と前頭前野の働きを説明しました。

子どもたちのために作った『エンパワメントの道具箱・小冊子シリーズNo３　ＡＬＯＨＡ　ＫＩＤＳ　ＹＯＧＡ《アロハ・キッズ・ヨーガ》™』（エンパワメントセンター、二〇一八年）という小冊子の中で、ヨーガの効能を前頁の見開きページのように教えています。

その小冊子の中で、ＡＬＯＨＡ　ＫＩＤＳ　ＹＯＧＡ™の特徴をこう説明しました。

ALOHA KIDS YOGA《アロハ・キッズ・ヨーガ》™の特徴

子どもの心と身体のエンパワメントを目的として、背筋を常に伸ばし、丹田腹式呼吸の繰り返しによる脳訓練によって、集中力、感情調整力、免疫力を高めます。

自分の心と体に優しいヨーガです。そのために自分の身体の声に耳を傾けます。身体の柔軟性を強調するのではなく、毎回少しだけ筋肉をストレッチすることを目指します。

心身の活力回復の鍵になる大腰筋、腹直筋、横隔膜、肩甲骨などを集中的に伸縮させ、骨盤と脊椎の歪みを調整するアーサナ（ポーズ）を活用します。

自分は身体が硬いからヨーガはダメだと思い込んできた人が大変多いのですが、大きな誤解によってヨーガとの出会いを逸してきましたね。ヨーガの真髄は呼吸法と骨盤背骨の調整です。難しいポーズができるようになることではありません。

ヨーガはサンスクリット語で「つながる」「絆」という意味です。大地と人と天のつながりを体感し、身体と感情と思考と魂のつながりを体現することです。ヨーガは競争のない運動です。比較をしない教え方とやる気を高めるたくさんの工夫で子どものエンパワメントを実践します。

ALOHA KIDS YOGA™はハタヨーガの伝統を基盤に、そこにハワイ先住民の教え、海のポーズをたくさん取り入れ、明るい海のイメージ・ジャーニーのリラクゼーションで毎回終わります。

二〇一五年からはALOHA KIDS YOGA™リーダー養成講座を横浜、関西、北海道などで開催し、同じビジョンを分かち合える人びと約一〇〇人が認定リーダーとして児童養護施設、一時保護所、病院、学校、少年院、子ども食堂などで教えています。こうした活動が認められて、ALOHA KIDS YOGA™は二〇一六年にアメリカン・

ヨーガ・アライアンス賞を受賞しました。

インド北部のインダス文明の中で四五〇〇年前に生まれたヨーガと、AD二五〇年頃に南太平洋のポリネシアから海を渡ってハワイ諸島に住み始めた先住ハワイアンが大切に伝え続けてきたALOHAスピリット、どちらも人類の平和の遺産です。いのちを慈しむこの叡智を次世代に贈り物することが私たちALOHA KIDS YOGA™のミッションです。

3、解離　DID／OSDDそして小児期マインドコントロール

面前DVの絵

一九九八年から五年間、阪神間の複数の小学校で図画の時間をもらって「気持ちのワークショップ」を実施しました。その前年に私は米国から日本に仕事の場を移して、小中学校で人権や暴力防止のワークショップをする機会を何度も持ちました。その中で、日本の多くの子どもたちが気持ちを言葉でなかなか伝えられないことに衝撃を受け、なんとかしたいという思いで始めたものです。

このワークは理論的には、米国の神経生理学者アントニオ・ダマジオが一九九四年に発表したソマティックマーカー論に強く影響されて開発・実施したものです。〈適切な行動選択を実行する理性の脳は感情の脳の協力なくしては機能できない〉ことをダマジオは神経生理学の緻密な研究から解明しました。デカルト以来の西洋の認識論の基礎になってきた心身二元論を根底から覆したパラダイムシフトです。以来、理性と情動と身体感覚の相互回路の不全としての暴力や攻撃の行動選択に光が当てられ、臨床心理や教育分野でも多くの研究が報告されてきました。

「うれしい気持ち、悲しい気持ち、しあわせな気持ち、いやな気持ち、どれもみんな、あなたの大切な気持ち。

心のなかは、目で見えない。

でも、心のなかでおきていることを、気持ちが知らせてくれる。

しあわせな気持ちは、心のなかが、安心していることを知らせてくれる。

いかりの気持ちは、心のなかが、傷ついていることを知らせてくれる。

こう感じると悪い子だとか、こう感じてはいけない、などということはない」(『気持ちの本』森田ゆり著、童話館出版より)

六〇分間のこのワークの最後には「どんな気持ちでもいい。気持ちの絵を描こう」という課題をします。

五年間続けたこのワークショップの内容と、子どもたちとの対話と子どもたちが描いたたくさんの絵から許可を得たものを載せて『気持ちの本』を二〇〇三年に出版しました。

小学四年生の気持ちのワークショップで、次頁の絵を描いた少年がいました。

「これはどんな気持ちを描いたの?」と質問しました。

彼は「お父さんがお母さんを殴る」とだけ答えました。

森田ゆり作『気持ちの本』（童話館出版）より

確かにお父さんは頭から角を生やし、お母さんは涙に暮れています。その二人の間に入って止めようとしている少年。

面前DVの絵です。

どれほどの恐怖を感じていたかは、この絵をカラーで見ると直で感じることができます（拙著『気持ちの本』または『体罰と戦争』〈かもがわ出版、二〇一九年〉にカラーで掲載）。緊張した少年の顔。この家族を包む真っ赤な大きなギザギザ。加えてお父さんの左手は異様に太く描かれていて、少年の恐怖がそこに凝縮されているようです。

「この机の前にいるこっちの子はだあれ？」と質問すると、

「僕」とだけ答えました。

ピンクのシャツのその子は、大きな目玉を見開いて笑っています。

続けてその少年が言った次の言葉に私は凍りつきました。

「机の前に座っていると、何も聞こえない、何も感じない」

解離です。

児童虐待防止法も、DV防止法もまだ成立していないときでした。面前DVが深刻なトラウマを子どもに与えることは日本では十分には知られていませんでした。

三つのF反応

人は恐怖体験や過度なストレスに直面すると生存本能としての三つのF反応をする、と虐待・DV問題の専門職研修で私は教えています。

Fight（闘う）
Flight（逃げる）｝交感神経系が関与
Freeze（凍りつく）背側迷走神経系が関与

敵に襲われて、逃げ場がないとfreezeして実際に仮死状態になる動物が見られることが多く報告されています。人間に追われた子鹿が数分間、目を閉じたまま冬眠した動物のように動かなくなった映像を見たことがあります。

この凍りつき反応とは、生物学的に言えば、脳機能をシャットダウンし、仮死状態になって生き延びようとする原始的な生存反応です。解離状態です。

レイプ経験者の中によく見られる身体離脱経験もその一つと言えます。加害者が自分の上にのしかかって、性行為をしている間、その恐怖と苦痛と嫌悪のただ中で、気がついたら自分は天井からその場面を他人事のように何も感じることなく見おろしていたというものです。

こうした解離を繰り返し経験する中で、子どもは防衛反応として、逃げ場のない圧倒的な恐怖の感情を引き受ける人格を生み出すことがあります。そうすることで自分の生きる力の核心が壊れてしまわないように守っているのです。DIDの発症のメカニズムについては、さまざまな理論がありますが、私はクライアントにはそのように説明しています。

創造的な生存戦略

パートIで鈴木三千恵は、父母からの虐待の詳細について多くは語っていません。しかし当時私が住んでいた兵庫県西宮まで遠く北海道からセラピーを受けに何度も通われていた二〇年近く前の記憶では、長年の父親からの性虐待をはじめとする逃げ場のない過酷な子ども時代を生きてきた人でした。その多重で慢性的な暴力被害の複雑性トラウマを生き延びるためにDIDを発症させたことは必然でした。

彼女は、『ワタシは・・・多重人格だった』の中で、森田ゆりさんに報告したら「あなたには人格がたくさん生まれたから、生きてこれたんだね」と言われたと書いています。私が当時彼女にかけた言葉を支えにしてくれたことを嬉しく思います。決して気休めで言った言葉ではなく、DIDの本質をわかりやすい言い方で言ったままでです。人格たちに堪えがたい苦悩を引き受けてもらわなければ、彼女は生きる力を消耗し尽くして、生き続けることはできなかったでしょう。

米国の弁護士で、ＤＩＤ当事者のオルガ・トゥルヒーヨは『私の中のわたしたち　解離性同一性障害を生きのびて』（伊藤淑子訳、国書刊行会、二〇一七年）を出版して以来、講演やテレビで次の強いメッセージを日本の人たちに送り続けています。ＤＩＤとは、オカルト的な病気などではなく、むしろ過酷な多重被害の恐怖体験を子どもが生き延びるために身につける創造的な生存戦略なのだと。

今までに私は日本で、はっきりとした複数の人格を持つＤＩＤやＯＳＤＤの人の支援を一〇人ほどにしてきました。その全員が父、兄、祖父などから性暴力を受けており、安心できる生活の場がなかった幼少期を過ごしてきた人たちでした。中には子ども時代のほとんどを、親によって児童ポルノに出演させられてきた女性もいました。

その全員が私のところに来られる前に、複数の精神科医や心理士に相談したけれど、虚偽性障害と診断された、信じてもらえなかった、詐病と思われた、あなたに治療は無理と言われたなどのつらい二次被害を経験していました。鈴木三千恵もまたその一人だったことを書いています。

九〇年代の中頃までは、米国でもＤＩＤの治療は交代人格を主人格に統合することと信じられていました。しかし今日では、無理に統合を目指すことは交代人格に恐怖や反感を与え、人格間の協力関係が築けなくなるために、良い治療方法でないことがわかっています。

ＤＩＤの効果的な治療では、人格一人一人を尊重し、彼らの言葉に耳を傾け、共感し、時には励まし、時には共に問題解決を探り、他の人格とのコミュニケーションを促進し、人格間相互の反感や誤解を解決していきます。

部屋のずっと奥のほう、あるいは地下室に、無言の子どもたちがひっそりと隠れていることがしばしばあります。外に出てきて、気持ちを語ることを許されなかった捨てられた子どもたちの声に耳を傾け、共感していきます。その子たちは、加害者の指示にＮＯを言い、逃げようとしたことで地下室に閉じ込められてきたのですが、実はパワフルな生命力の持ち主であることを発見することがしばしばです。そんな時は嬉しくて、その子たちに大ハグをしたくなります。実際に他の人格がその捨てられた子ども人格を抱きしめ、共に涙するように勧めることもあります。

『癒しのエンパワメント　性虐待からの回復ガイド』で詳細を書いた「内なる円卓会議」「内なる子どもを救出する」などの方法を応用して「人格たちとの対話」「人格たちとの円卓会議」を用いるのは効果的な方法です。そのためには、人格同士の会話を進め、円卓会議をファシリテートする対話力が求められます。クライアントが大人であっても、その内部人格たちの多くは子どもやティーンズなので、DIDやOSDDのクライアントに治療的に関わる際には、とりわけ子どもとの対話力が必須です。

小児期マインドコントロール

パートIのサンザシたちは、DIDと違って、日常生活における健忘がありません。DSM-5の診断名では、OSDDのカテゴリーに入ります。それだけでも対応の仕方は大きく異なります。声や言葉遣いは異なっているので、だいたい誰が話しているか推測できるのですが、人数が多く、人格の交代が早くて、わからなくなることがよくあります。「僕は先生と前に話したことあるのに。忘れられている」と一人の人格から寂しそうに言われたときは、焦りました。

今はオンラインでセラピーセッションをしているので、人格たちの顔の絵を出して話してもらうことで、格段にわかりやすくなりました。

小児期マインドコントロールによる人格解離の場合は、DID当事者の分離人格とは全く異なる対応が必要です。オルガの言うような「創造的な生存戦略」ではなく、加害者がマインドコントロールを徹底するために意図的に作り出した加害者の手下としての人格たちであることを、私はサンザシたちとの対話から学ばなければなりませんでした。

その人格たちとの対話の仕方は、ＤＩＤの人格たちへの治療的関わりと共通することもあるのですが、正反対の言葉かけが必要なことが多いです。特に性暴力と加害を強制する残虐行為に手下として加担させられていた人格たちへの言葉かけには、加害者からどんな嘘を言われていたかを知るなどの重層的な状況把握が必要です。

サンザシたちと私は、この分野のパイオニアであるカナダの臨床心理学博士アリソン・ミラーの二冊の英文の大著にガイドされながら進めています。どちらもＡ４サイズで細かい文字がびっしりと詰まった四〇〇ページ近くの重い本です。

パートⅠでサンザシはミラー博士の言葉を引用して、小児期マインドコントロールのサバイバーは、トラウマ由来とプログラム由来の両方のトリガーを持っていることを説明しています。トラウマ由来のトリガーに対しては、他のトラウマサバイバーへの対応と同じですが、プログラム由来のトリガーに対しては重層的で複雑です。（一五七頁を参照）

支援者がそのトリガーがプログラム由来であることを認識するためには、人格たちが語る記憶に注意深く耳を傾けます。

小児期マインドコントロールは、子どもの愛着ニーズを嘘と性虐待と加害の強制によって、加害者への忠誠へと操作するまさに想像を絶する悪意です。

サンザシたちの祖父が使った徹底的、かつ周到なマインドコントロールの手法は、米国をはじめとする世界の軍隊や秘密警察の用いる心理的拷問を想起させます。

その標的にされたサンザシたち子どもたちがバラバラの断片記憶として語る生々しい体験と恐怖と絶望の感情にセラピストとして耳を傾けることは、容易なことではなく、代理受傷を予防するための仕切り直しを私は何度も必要としました。


このおそらく最も過酷で複雑で困難なトラウマを生きる人々のセラピーをミラー博士は一九九一年から始め、当事者から学びながらパイオニアとしての治療法と技法を確立してきました。

折しも性的虐待の蘇った記憶をめぐる大論争が北米各地の法廷を舞台に展開し、「嘘の記憶症候群」バックラッシュが激しさを増していったときでした。

ミラー博士はこう書いています。

「そして、突然、私たちの仕事はクライアントだけでなくセラピストにとっても危険極まりないものになった。一九九〇年代の初期、豊かな財力のある、高度に組織化された対抗パワーがどこからともなく登場した。その目的は儀式虐待と小児期マインドコントロールの被害を受けてきた人々と彼らの回復を支援する専門家たちを批判、攻撃、亡き者にすることだった」

実際にカリフォルニアの私の知人のセラピストは、一九九〇年代にその攻撃の的とされ、職を失いました。

おそらくカルト組織だけでなく、ペドファイル（子ども性加害者）のネットワーク、児童ポルノビジネスや児童売春トラフィッキング組織なども含む勢力からの攻撃でしょう。一九八〇年代、九〇年代に性的虐待被害を語る子どもの話を聞く際の私たちの重要なガイドとなっていたローランド・サミット医師の「性的虐待順応症候群」もエビデンスのない個人的見解にすぎないとして攻撃批判されました。

鳥かご論

一五年以上前、サンザシたちが被虐待の記憶もなく人格たちの存在にも気づいていなかった頃、私のＤＶの研修を受講し、「鳥かご論」を聞いて、初めて私にカウンセリングを依頼したと先日サンザシから聞きました。

当時私が教えていた「鳥かご論」（二六二頁参照）とは、困難な状況にある暴力の被害者への支援の基本として、拙著『ドメスティック・バイオレンス　愛が暴力に変わるとき』（小学館、二〇〇一年）に書いたものです。

「このように被害者が自由を手にするまでには何層もの分厚い壁が立ちはだかっています。それは真っ暗なトンネルを手探りであっちこっちにぶつかり、転び、傷だらけになりながらのろのろと歩む道のように被害者には思えます。

そんな状態の彼女に対して差し出せるベストの援助とは何でしょう。

（中略）

そう、懐中電灯です。足元を照らしてくれる小さな明かりが必要です。眼の眩《くら》むような大きな光は必要ありません。強い光が短時間フラッシュするよりは、小さな豆電球がずっとトンネルを出るまでついていてほしいと思いませんか。ＤＶ被害者も同じです。

ベストな援助者とはこの豆電球になれる人のことです。彼女が真っ暗闇のトンネルを自分の力で歩き続けることを、ただそばで支えるだけです。わずかの明かりと暖かさで十分なのです。（中略）

真っ暗闇のトンネルを歩く人が豆電球のほかにもうひとつ必要なことがあります。それはトンネルの出口の光です。どんなに苦しくても歩き続けさえすればいつかここから出られるという希望です。

鳥かご論

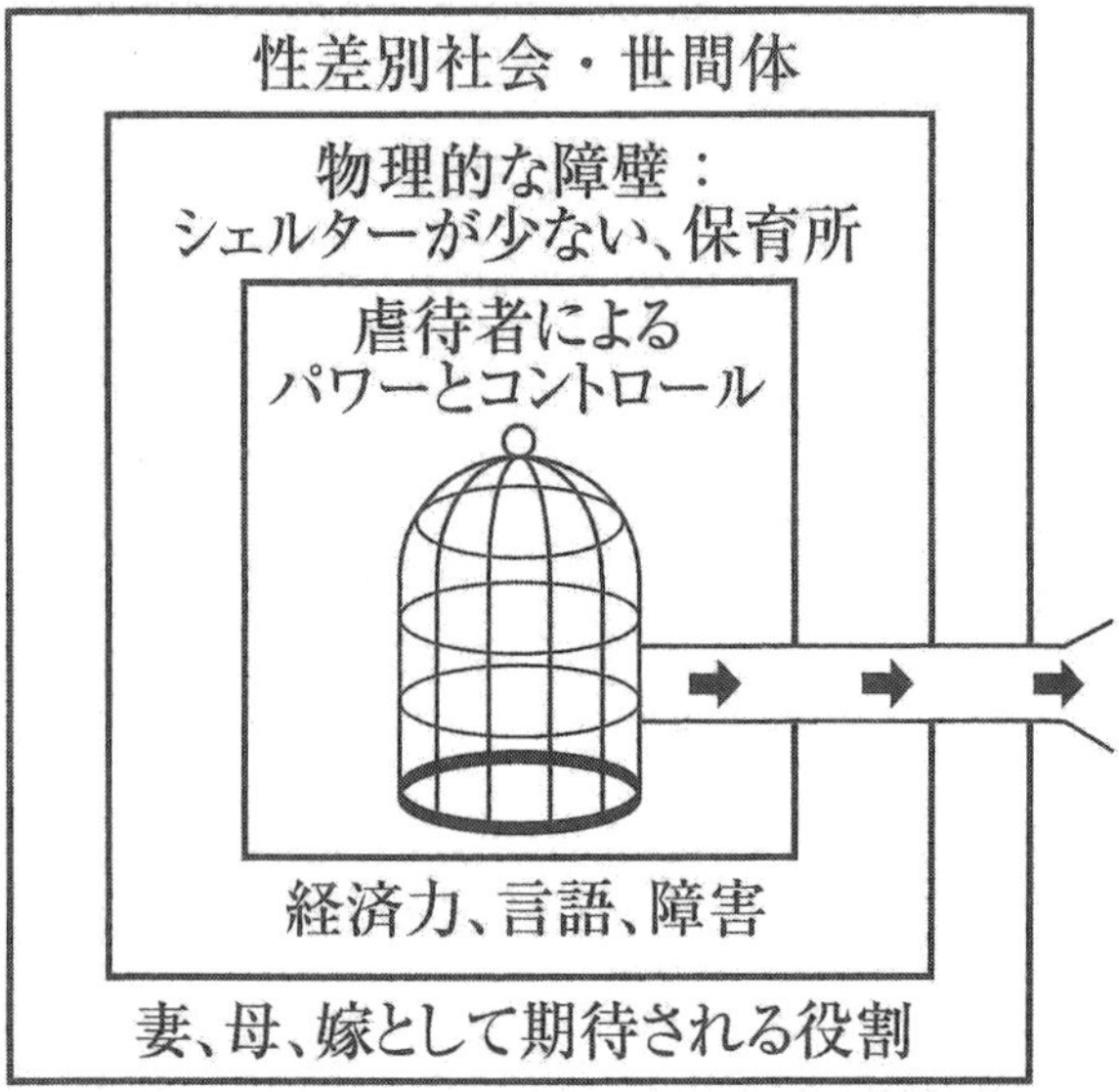

森田ゆり著『ドメスティック・バイオレンス　愛が暴力に変わるとき』（小学館）より

援助者は、『きっと出口の明かりが見えてくるから』『あの先を曲がったら出口の光が見えるよ』と希望を与え続ける言葉かけを、それぞれの人の状況に合わせてします」（二〇二〇年改訂版文庫本、一四一～一四五頁）

一五年以上前に、この「鳥かご論」を聞いたサンザシたちに、今私はまさにこの豆電球の役割を果たしていることを感慨深く思います。

4、性加害をした罪悪感

自分を許すセレモニー

Dさんの性暴力被害トラウマからの回復は、暗礁に乗り上げていました。新たな記憶が出てきて、以来、自傷行動が止まらないのです。

八歳で叔父から性被害を受けた自分が、その後、四歳下の弟に性加害をしている記憶です。性暴力被害を受けて、その後、弟や妹や友達に性加害をしたことに密かに悩み続けたサバイバーの苦悩軽減に共に取り組んだことが何度かあります。サバイバーの間でもたいてい口に出せないことなので、一人で何十年とじくじくと抱え込んできた人も少なくありません。Dさんもその一人でした。

「私を性虐待したあいつを、いつか殺してやる」と復讐を夢想してきた。その私が弟を性虐待した。もう自分を殺すしかない。という思考がぐるぐるとDさんの中で回り続けていました。血だらけになるまで自傷をするとぐるぐる思考が数分間だけ止まったとのことです。

Dさんのセラピーはこんな流れで進めました。

「あなたはいろんなことをして性暴力被害のトラウマを癒してきました。何人もの治療者の元に通ったとのこと。そこでどんな症状に対処してきましたか？　怒りや不安や無力感や自己否定感、汚れた自分、身体不快感、身体の痛み、等々。

弟に性加害をしたという行動もまたそうした性被害のトラウマ症状の一つです。『性暴力の再演・アクトアウト』とか『性化行動』とか呼ばれています。だからこのトラウマ症状にも、今まで同様に、手当てが必要なのです。その手当てを私と一緒にやっていきますか？」

性化行動は、性被害を受けたトラウマとしての行動であることをまずは押さえます。

「被害を受けたことによって奪われたパワーの欠損を、他者を支配することで埋めようとしている行動です。別の言い方をするなら他者をコントロールすることで、無力感から逃れようとする行動です。

性暴力被害を受けてすぐに身近な人から被害への応急手当てをしてもらえていたら、力の欠損を埋めようとして、他の子どもに加害をすることはなかったでしょう」

そう説明しても、Dさんが納得できない課題は、罪悪感です。

「罪悪感、自責感を今までずっと一人で抱えてきてくれてありがとう。苦しかったですね。それはあなたの弟への優しさです。でも、手放していくときがきました。簡単ではないです。どうやって手放すか、戦略を考えましょう」

「こういう戦略プランはどうですか。

1、弟に性加害をしたのは、暴力被害を受けたトラウマ（心の外傷）症状だったことを認めましょう。

2、だから、自分を罰することでは解決しない。自分を許すことが必要です。

3、弟に直接謝りたいですか？　それができる状況ですか？　何と言って謝りますか？　言葉にしてみましょう。

4、許しを請う必要はないです。一番大切なことは、あなたが自分を許すことなのだから。弟にセラピーが必要だったら、それを提供できる人を探してあげてください。

5、直接に謝る状況にないのだったら、ここで擬似的にロールプレイですることもできます。かなりの効果はあります。

6、直接でも擬似的にでも、謝ったあとには、自分を許す儀式（セレモニー）をしましょう。

7、いくつかセレモニーの案があるので、それを提案します。

例えば、性加害の記憶の中の絶対許せないと思ってきた自分の行動や考えを全部小さな別々の紙に書き出します。それを読み上げてください。

Dさんは次の二つを紙に書きました。
＊叔父さんが自分に言った最も嫌なおぞましい言葉「気持ちいいでしょ？」を自分が弟に言った。小さな子どもだったあなたの性的感覚を混乱に陥れた叔父さんの性暴力はひどいですね。怒っていいのです。私を叔父さんだと思って、怒りの言葉を言ってください。
＊「誰にも言ってはダメだよ」と弟の口封じをした。
それを言った自分をどう感じていますか。どう弟に謝りますか。そして自分にも謝ります。この時、Dさんの言葉一つ一つをバリデート（有効化・承任）するセラピストの声かけスキルは不可欠です。

その後、その紙を燃やします。燃やした灰を、川に流します。自分の信じる祈りがある人はそれを口にしながら、それがない人は、合掌して「すべてのいのちが輝きますように」と繰り返しながら瞑想します。

実際に川へ行ったことも含めて三回のセッションを使ったこのセラピーでDさんの罪悪感のぐるぐる思考は止まりました。その罪悪感がなくなったことで、長年の原因のわからない腰痛も消えたとの報告をもらいました。自分を許すことができたのです。

毎回セッションのはじめに、簡単なヨーガのアーサナと瞑想を練習してもらいましたが、それは今も続けているとのことです。

トラウマの再演

性的再演行動は、ここで取り上げたDさんの場合は、性的加害行動でしたが、反復強迫的な自慰行為、性的逸脱行動、一〇代になるとテレクラ、出会い系、セックス依存などであることもあります。

パートIで柳谷和美はそれは復讐だったと書いています。「傷つけられるような場所に行って、暴走、シンナー、酒、タバコ、テレクラで相手を見つけて売春して、自分に復讐していました。

セックスが私にとっては『男』という生き物に対する復讐の道具になっていました」

工藤千恵もまたそれを復讐と書いています。

「『どこか自分をモノのように扱った加害者への復讐の気持ち』もあったのかもしれない。セックスで自分に主導権がある状態は、心を安定させた。そして、自分の価値はセックスだと思ってしまい、手放せなくなっていった」

でも、その後率直に夫と話し合って、夫の協力を得てセックス依存を乗り越えた努力は素晴しいです。

「セックスは私にとって今でも大切なもの。したいと思う気持ちは否定せず、自分の気持ちを受け止めてあげることは、大事だと感じている

長い間ずっと、自分には価値がないと感じ、責めてもきた。幸せになれるはずがないと思うとつらかったし、死にたいと何度も思った。何とか自分で消化していくことでしか救われなかったけれど、それでも、自分の人生から目をそらさずにもがいたから、少し強くもなれたし自分のことも好きになれたと思う」

被害後に他の子どもに性加害をしてしまった子ども時代の自分への罪悪感を抱き続けた四〇余年もの日々を経て、柳谷和美は今、家族の愛に囲まれてこう書くことができます。

「私は心身に多くの傷を負ったけれど、その『傷と共存』できるようになったというのが、『しっくり』きています。過去は変えられないけれど、もう自分は『その場』にはいない。そして今は自分を『安心・安全・自信』のある場所（心の状態も含めて）に置くことを選択できる。『今』を大切にすることが、加害をしてしまった人たちに対しての贖罪だとも思っています。

そして、一番は、自分を赦すことにもつながっています」

強制された性加害

小児期マインドコントロールによって動物への加害行為を何度も強制されたサンザシたちの場合は、回復作業は大きく異なります。Dにしたようなセレモニー的な対応は、トラウマ記憶への対処としては活用できますが、マインドコントロールによってプログラム化されている人格たちを自由にはしてくれません。

サンザシはこう書いています。

「私は二度とそういう行動をとらない、と心から願うとき、その存在（殺された動物）たちは、私を許してくれるかもしれない。それは、すごく悲しい気持ちを私に感じさせます。なぜなら、私がそうした行動をしたことを認めることだからです。認めることを、私に許すということです。動物たちは帰ってこない、その悲しみを認めるということです」

パートⅢ

今、子どもの被害をトラウマ化させないために

森田ゆり

1、性への健康な興味か性化行動か

四つの基準

四歳と五歳の子どもたちが性器の見せ合いをしている、六歳の子が布団の中でマスターベーションをしている、心配しなくていいのだろうかという親、保育士、保健師の相談をよく受けます。

基本的には、どちらの行動も子どもの健康な性的発達の範囲内です。子どもも性的な存在です。特に四～六歳ぐらいの年齢では性器への関心を持つ子どもは少なくありません。お医者さんごっこもマスターベーションも、健康な子どもの性行動です。健康な子どもの性行動に周りの大人が否定的に反応していると、子どもは性に関するあらゆることは悪いことだと否定的認識を強め、性への関心や出来事は秘密にしなければならないと思ってしまいます。

一方、心配する必要のある性的な行動を子どもが示すこともあります。その子の強い不安やストレスの表れである場合と、その行動が他の子どもへの加害行為になっている場合です。

健康な性行動と心配を要する性行動を見分ける基準を私は次の四つの項目に分けています。子どもに関わる心理、医療、福祉、教育の現場の専門職に向けた私の研修では、この四つの基準を使って、例を挙げながらそれぞれの場合の対応の具体的方法を考え、ロールプレイして練習してもらいます。安心とエンパワメントを土台にして、子どもにどう語り、聴くかの支援者としての対話力をつけることがポイントです。

一九八〇代にカリフォルニア州社会福祉局のトレーナーをしていた頃、里親研修でした内容に、その後のこの分野の新たな知見を加えたものです。日本では、二〇〇四年に出版した『新・子どもの虐待』で書き、当時の児童相談所や保育所の方たちから役に立ててもらっている報告をよく受けたので、『子どもへの性的虐待』にも書きました。

【四つの基準】

①力関係
②頻度・関心度
③内容
④感情

子ども同士で性的な遊びをしたようだが、ほっておいてよいのかどうかと思うとき、まずこの四つのことを知る目的で、子どもと対話をしてください。この時、一人一人別々に話すことが大切です。尋問ではなく、対話です。

目的は、誰が悪いのかを判断することではありません。健康な性行動か、心配を要するものかを理解するためです。対話する人がオープンな性教育の知識があるとなおさらよいでしょう。

①力関係の差：年齢差、体格の差、人数などいずれも力関係の差です。知的な障害のある子どもに対しても力関係の差があることがあります。脅し、買収、だましなどが伴うかどうか、秘密を守ることを強いられているかどうかも力関係の差を示す目安です。幼児の場合、「これをしないと、もう遊んでやらないよ」と言うだけでも十分な脅しになります。

②頻度・関心度：その行動が一度だけなのか、何度も繰り返されているのか。健康な子どもの性的関心は散発的です。性器いじりやマスターベーションは健康な子どもの場合でもくせになって繰り返すことがあります。それを悪事のように叱りつけてやめさせるのは、いい対応ではありません。

しかし同時に、性被害をどこかで以前に受けていてその再演行動であることもあります。マスターベーションを他の子どもに見せる、させるなどの場合は、心配してください。

③内容：相手の性器を見るという行為と、相手の性器の中に物を押し込むという行為とでは大きな違いがあります。性交やオーラルセックスなど、大人の性行為の模倣が見られる場合、動物への性的な攻撃が見られる場合、サディスティックな性行為についての知識や行動が見られる場合は対応が必要です。また、大人に自分の性器に触らせようとしたり、大人の性器に口をあてようとしたり、大人に性的な行為を求めてくる場合も、健康な性行動の範疇ではないので、対応が必要です。

④感情：性的な行動に、恐れ、不安、怒り、攻撃性などが伴っている場合は、対応が必要です。

例えば子どもの部屋に行ったら、五歳と六歳の子ども同士で性器を見せ合っていたとしましょう。そんな時「何やってるの‼」と怒鳴りつけたい驚きと混乱の気持ちを抑えて、この四つの基準を思い出しながらつとめて穏やかに対応してください。この場合は①の基準以外は見ただけでわからないので、二人から別々に話を聞く必要があります。「前にもしたことがあるの？」「お兄ちゃんは何と言っているの？」などと聞きます。四項目すべておいて問題がない場合は、健康の遊びの範疇と判断して、「そこはとても大事なところだから、人に触らせたり、人のを触ってはいけない。誰かが触ろうとしたらダメと言っていい」と伝えてください。

対話力

四つのうちの一つでも心配があったら、子どもとの対話が必要です。その対話力は、性暴力に限らず、子どもに関わるあらゆる支援者の基礎的にして最重要のスキルです。この後の「心の応急手当て」と「子どもの話を聴くプロトコル」を活用して下さい。

健康な性行動であれ、心配な性行動であれ、それをきっかけに、どちらの子どもにも安心、安全がもたらされ、加えて健康な性の知識を得ることができればよいのです。怒られるから、家族を悲しませるから、大変なことになりそうだからと思って子どもが黙ってしまうことが起きないように対話することです。どんなことを話しても大丈夫なんだ、と思ってもらいたいのです。

対話力のない支援者が関わったために、残念な結果になってしまったケースの相談を受けたことがあります。一五年以上前のことなので、児童相談所職員の対話力研修が十分ではなかったのでしょう。

五歳の男子と同年齢の女子の仲良しいとこがパンツを脱いで性器を見せ合っていたのを女子の親が見つけました。母親は激昂して、二人を叱りつけ、男子を家に帰し、大事な娘をキズモノにされた、訴えると男子の親に怒りました。翌日母親は、児童相談所に介入を求めました。男子は児童相談所に連れて行かれ、事実確認と心理検査のためということで七日間、留め置かれました。親との接触は一切禁じられました。

子どもたちに話を聞くこともなく、このような一方的な措置になったということは、児相の担当者に、女子は被害者、男子は加害者という偏見があったのかもしれません。あるいは、女子の親の剣幕が怖かったのでしょうか。あるいは、子どもと対話する訓練を受けていなくて、どうしたらよいかわからなかったのでしょうか。

仲良しだった二人の子どもは、二度と一緒に遊ぶことは許されないどころか、親同士も付き合いが断絶しました。子ども同士の性的好奇心行動に周りの大人がよってたかって大事件にした感があります。

性というきわめてセンシティブな事柄に、罪悪感や、嫌悪感や、秘密性や、そして怒りや悲しみなどの強い感情も植えつけた記憶になったことが十分に推測できます。

どちらもすでに成人している今、二人はそれぞれどんな子ども時代を送ってきたのだろうかと思いを馳せます。性について安心して、自信を持って行動選択できてきただろうかと。

つい最近も、低年齢の子ども同士の性的遊びに激昂した親が、話を聞くこともなく即座に男子を加害者として一方的に警察に訴えたために、似たような展開になってしまったケースの相談を受けました。今もこの知識の研修が必要だと痛感します。

一方で性化行動なので対応が必要な場合としてこんなケースがありました。四歳と五歳の姉妹を委託された里親からの相談でした。姉妹が性器の見せ合いっこをしていたので、前に私の研修を受けて知っていた上記の四つの基準を使って話を聴いたそうです。

①年齢が違うだけでなく、いつも姉が細かく妹の世話をしている様子からも、力関係では姉が明らかに上です。

②姉は今回が初めてと答え、妹は前にもしたことがあると答えました。

③性行動の内容は、姉は性器を見てただけと答え、妹は姉が「前の穴に指を入れた」と答えました。

①、②、③ともに「心配の必要あり」だったので、④はあえて聞かずに、二人に幼児向

けの性教育をすることにしました。同時に絵本『あなたが守る　あなたの心・あなたのからだ』を一緒に読み、嫌な触られ方をしたら、「いや」と言っていいこと。「いや」と言う練習もしました。

安心・自信・自由の心の力としての人権をベースに、NO（いやといってもいい）、GO（そこにとどまらなくていい）、TELL（信頼する大人に話す）を教えるCAP（キャップ）プログラムを受けて、ロールプレイで練習させることも勧めます。

姉には別個に以下の対応が必要です。

1、前に誰か他の人から似たようなことをされたことがないか聞きます。

2、もう二度と他の人の性器を触ったり、触らせたりしないことを伝えます。

3、そういうことをしたくなったら、行動に移す前に里親に話すこと。里親は叱りません。走りに行く、歌を歌うなどの代替行動を一緒にします。

あなたにもできる心の応急手当

性暴力被害体験が子どものその後の人格形成にきわめて深刻な影響を及ぼす理由の一つはそれを「誰にも言えない」でいる現実に由来しています。性暴力による長期的ダメージの深刻度はその行為によるインパクト以上に、そのことを身近な人に話してしっかり受け止めてもらえたかどうかに大きく左右されるのです。

道端で子どもが大ケガをしていたら、たまたま通りかかった人でも、血を止める、傷口を水で洗うなどの手当てをし、必要があれば救急車を呼ぶでしょう。なるべく早くに施されたちょっとしたこの応急手当がその後の回復を左右するほど重要であることは言うまでもありません。しかし心の傷は目に見えないために、気づいてもらえずに放置されていることが大半です。手当てをしないで放置しておくと取り返しのつかない深い傷になってさまざまな問題が発生することは、パートⅠで当事者たちが語ってくれました。

「手当て」という日本語については、今まで他の著作でも何度も書き、話してきたことですが、ここで改めて繰り返しましょう。深い叡智がこめられた素晴らしい日本語です。

聴く（耳　十四　心）のパワー

心の傷の手当ての具体的な方法は「聴く」ことです。何があったのか事実関係を「尋ねる」ではなく、なんとなく「聞く」ではなく、相手のさまざまに揺れ動く気持ちを聴くことです。あなたの耳と心を持って、相手の十四もの心＝気持ちを聴くことです。

これは本来のこの漢字の由来ではないですが、「聴く」という漢字はそう書いてあるように見えませんか？　相手のさまざまに乱れ、相反する、人に語ってもわかってはもらえないと思っている「十四」もの異なった気持ちを、助言をするのでもなく、分析をするでもなく、ただ「そうなんだ」「それはいやだったね」と認める共感的傾聴です。

私の近年の研修では、それを「validation」バリデーション（有効化、承認）と英語で呼んでロールプレイをして練習します。それは単に共感するということではなく、困難な状況にある人の環境を有効化する、その環境の一部に支援者がなるという文脈的行動療法の思想を背景にした方法です（詳しくは『虐待・親にもケアを』を参照）。

とりわけ子どもたちは、そのような聴き方をしてくれる人にしか、虐待されていることを話しません。

酔っぱらうと自分のベッドに入ってきて性的なことをする父親、でも人を笑わせるのが上手な楽しい人。頼めば何でも買ってくれる人。だから夜の父は嫌だけれど、昼の父は大好きな人。こうした相矛盾する感情を抱いていることが被虐待児の典型的な心理です。だから、彼らの語ることを、否定をせず、分析せず、助言をせず、同情せずに、同感せずに、ただ共感して相手の感情を認めていることを伝えること、これが「聴く」という「手当て」です。

いじめや性被害などさまざまな暴力の被害を受けた子どもたちに「聴く」という心の手当てをする。決して難しいことではありません。人の痛みと恐怖に共感する心と、安易に同情や同感しない姿勢と、子どもが本来持つレジリアンスへの信頼と、ほんのちょっとの勇気とがあれば、誰でもができるはずです。つい助言をしてあげなければと思ってしまう方、まず自分の口は閉じて、相手の口を開かせてあげてください。助言や指導よりも、聴くことのほうがはるかに相手の力を引き出すことができるのです。

ある市の講演会で、子ども相談委員の年配の方が、「いや、最近の一〇代の子は、ちっとも話さないんですよ。SOS発信力がないんですね。話してくれなければ、相談に乗りようがないですわ」と言われたので、唖然としました。相談員が相談の基本のきを知らないことに驚いて、

「あなたには話したくないいんじゃないですか」と答えてしまいました。

本当に苦しい状況にある人がSOSを出すということは、とてつもなく屈辱的なことで、またこわいことです。SOS受信力のある大人をもっと増やす必要があるのです。

腹立ちも、悔しさも、怖さも、最後までその気持ちに共感しつつ聴いてもらうだけで、驚くほど収まっていきます。感情が収まることで、思考が機能し自分で答えを見つけるこ

とができるのです。虐待を受けた子どもが最も必要としているのは、自分の気持ちを認めて尊重してくれる人、自分の味方になろうとしてくれる大人の存在です。聴いてくれる大人に出会えたか否かが、その後のその子の人生を左右する決定的な要因となります。

支援者的立場にいる、いないにかかわらず、誰でもが暴力被害を受けた子どもに出会った一人の隣人として、立ち止まり、そっと手を当ててあげることはできるのです。その時、子どもにそっぽを向かれたとしても、それは助けを必要としていないからではないことを思い出してください。そして、被害を受けた子どもの家族もまた、「手当て」を必要としているのです。

2、性暴力を受けた子どもの話を聴くプロトコル

子どもの性暴力被害のサインに最初に気づいた人がどのように対応するかは、その後の子どもの人生の明暗を左右するほどに重要なことです。この最初の対応ゆえに、子どもは一層深い心の傷を負い、二度と再び大人に打ち明けることはないかもしれません。逆に最初の対応が良ければ、被害がトラウマ化するのを防ぐこともできます。学校教職員や保育士、里親や親たちは日々子どものそばにいるという立場ゆえに、この重大な役割を果たせるベストの人々です。

性暴力は子どもの身体、感情、認知、行動、魂のすべてにわたって深刻なダメージを与えます。最初から子どもの視点に立ったエンパワメントな支援環境に支えられると、素晴らしいレジリアンスと自己治癒力を発揮して、被害をトラウマ化しないで済むのです。

これは、子どもの性暴力に関しての最も重要な、かつ最も基礎的なスキルなので、カリフォルニア時代と日本とで何百回とこの研修を実施し、また複数の著書に書いてきました。CAP《キャップ》プログラムのファシリテーターには、一九九五年からこのプロトコルの研修を義務付けてきました。今回は、『子どもへの性的虐待』に書いたものから部分的に抜粋してこ

こに転載します。

開示は一連のプロセス

性的虐待が発覚する経緯は、その大半が子ども本人からの開示による。そして開示とは、子どもの目的意識的な告白として起きるよりは、一連の出来事が引き起こすプロセスの中で可能となる。

「性的虐待の兆候」に気がついた大人が、子どもが安心感を持てる中で話を聴いた結果、開示が起きることが多い。ときには学校や保育所で、CAPプログラムのような予防教育プログラムを受けた子どもが、CAPスタッフや教職員に相談する中で開示する。あるいは、他の心理的（うつやひきこもりなど）、または身体的治療のための診察の中で開示が起きることも少なくない。

性的虐待を受けた子どもの話を聴く技法は、四つの異なった立場によって目的が異なり、方法も異なる。

1、第一発見者の場合、あるいは、子どもをサポートする場合：
本書では、このタイプの場合のプロトコルのみを説明する。

第一発見者の場合

子どものまわりにいる誰もがこの最も重要な役割を担う立場に立つ可能性がある。中でもとりわけ保護者、学校教職員、保育士、看護師、ＣＡＰなどの予防教育担当者、電話相談員らは、その可能性が高いので、次に記す話を聴くガイドラインを知っておく。

2、司法面接：性的虐待の事実を査定する場合
3、福祉面接：子どもの安全確保の査定
4、心理面接：子どもの心身のケアのプランと方向性を定める

被虐待児との対話の技法（第一発見者の場合、あるいはサポートする場合）

性的虐待を受けた子どもの心理を念頭に置きながら、次のガイドラインにそって子どもの話を聴きます。これはカウンセリングではありません。子どもの話をしっかりと聴くことで、①子どもが人の力を借りてもいいんだと思えるように働きかけることであり、②問題は解決できるとの希望を与えることであり、③必要な場合は長期的な対応をしてくれる機関につなげることである。

事故で怪我した子どもに、まずは簡単な応急処置をほどこすように、虐待で傷ついた子

どもの心の応急手当だと言ってよい。その時必要なことは、〈傾聴〉〈勇気づけ〉〈問題解決〉の三つである。

〈傾聴〉の言葉掛けの例　「よく話してくれたね」

〈勇気づけ〉の言葉掛けの例　「話してくれてありがとう」

〈問題解決〉の言葉掛けの例　「だいじょうぶだよ」「どうしたらいいか一緒に考えよう」

目的：子どもに

（1）自分の味方になってくれる大人がいることに気づいてもらう。

（2）信頼できる大人に相談することで、いやなことにノーを言う選択肢があることを知らせる。

（3）性暴力による身心の傷の応急手当をすることで、自己回復力を促進する。

（4）再び被害を受けそうになったときはどうしたらよいかを共に考える。

（5）無力感を減少させる、人の力をかりれば困難な問題を解決することは可能だと思えるように働きかける。

（6）性的虐待の疑いを持った場合は児童相談所につなげる、すなわち他の大人にもう一度話すことの必要性を子どもに伝える。そのためにこの時点で事実関係を詳細に聴くことはしない。

◆ステップ1　子どもの気持ちに共感的に聴く。気持ちをvalidate《バリデート》認める、有効化する。最初に、「よく話してくれたね」とか「話してくれてありがとう」とはっきりと子どもに言う。被虐待児の多くはこんなこと話したら怒られるかもしれない、迷惑がられるかもしれないと思っている。

子どもの話を分析したり、査定したり、意見を言ったりすると、子どもは自分の気持ちを話せなくなってしまう。子どもに気持ちを語らせて、「そうか。そう思っているんだ」「それはつらいね」「それはこわかったね」と共感の声をかけながら受けとめ、ただ聴いてあげるだけでよい。

ただし共感的に聴くことは安易に同感することでも、同情することでもない。「そう、そう、先生もそう思うよ」「まったくひどいことする親だね」といった同感の言葉や、「かわいそうにね」といった同情の言葉は口にしない。そう感じてもいいんだよと、認めてあげることが大切だ。たとえば、「お父さんは悪くないの。お酒の勢いでやったんだから」という子どもに「たとえお酒飲んでいたとしたって、お父さんのしたことは犯罪ですよ」などと自分の意見を押し付けない。「そうなのか。お父さんはお酒の勢いでしたことだから悪くなかったと思っているんだね」と子どもが言ったことを反復する。
＊「あなたを信じるよ」と子どもに伝えること。子どもは誰にも信じてもらえないと思っている。たとえ子どもの話の事実関係に矛盾があったり、嘘をついている部分があると思われたとしても、「信じる」ということは伝えてほしい。今あなたが話を聴く目的は虐待の有無を判断することではない。事実関係がどうであったかは後でその役割の人にまかせればよい。あなたの役割は、虐待かあるいは何か他の危機のサインを発している子どもの心の安心と身体の安全のために、とりあえずできることをすることである。
＊多くの場合、子どもは加害者から口止めされている。「秘密を一人でかかえているのは怖かったね。よく話してくれたね」などと言うことで子どもは恐怖や不安から少し解放される。
＊「わたしが悪いから……」と子どもが言ったら、まずは「自分が悪いからこんなことになったと思っているんだね」とvalidateして認めてあげる。しかし子どもとの対話の後半では、「あなたが悪いのではないよ」と伝えることも必要である。この一言を聞いただけで固く閉じた心を一気に開く子は少なくない。どっと泣き出す子もいる。子どもが泣き出したら、ただ温かく見守って泣かせてあげればよい。
あくまでも自分が悪い、と言う子どもには、「そうか、あなたが悪かったと思っている

んだね。でもね、どんな理由があったとしても、そんな嫌なさわられ方をされていい子どもはこの世の中に一人もいないんだよ」と返す。

＊性的行為をされて気持ち良く感じてしまった子ども時にはいて、そのことで自分を許せないという苦しみを抱えている。そんなことを子どもが話したら「心では嫌だと思っているのに、体は反射反応して、気持ち良く感じてしまうこともあるんだよ。でもだからといってあなたが性的行為を望んだわけではないよね」と言う。

◆ステップ2　当面の身の安全を査定する目的で、子どもの直面している状況を把握する。

子どもが同じ人から再び虐待される可能性の有無がわかるだけでよいので、誰が、いつ、どこで、何をしたかがわかる最小限の質問だけする。必要以上に細かなことは聴かない、虐待の事実を何度も子どもに言わせないように注意する。

◆ステップ3　児童福祉機関への通告が必要かどうかを査定する。通告する場合は子どもにそのことを伝える。このとき子どもが不要な心配を抱かないように、怖くならないように配慮した話し方をする。↓「あなたが二度と同じことをされないように守ってくれる人たちに知らせないとならないの」「あなたと家族の相談にのってくれる人に話そう」

子どもから誰にも言わないでと言われたときは、時間をかけてでも子どもを説得する。その際、児童相談所の説明を適切にしないと子どもは怖がる。子どもと親の相談にのってくれるところだ、そこの人は子どもの希望する場所で話を聴いてくれるだろうと年齢にあった話し方で説明する。

子どもは、加害者や家族に大変なことが起きるのかもしれない、自分は施設へ入れられてしまうかもしれないとの恐れを抱いていることが多い。

↓「おじさんは自分のやっていることを、自分の力ではやめられないの。だから他の大人から、もう二度と子どもを傷つけてはいけないと言ってもらおうね」

◆**ステップ4**　子どものまわりでサポートしてくれる人は誰かを聞く。

↓「今までこのことを誰かに相談した？　その人はなんて言った？」

↓「誰かほかに相談できる人がいる？」

↓「先生は？　どの先生だったら話せるかな？　おばあちゃんは？」

◆**ステップ5**　問題を解決しようとして、今まで子どもが試みたことを聞く。

↓「もう誰かにこのこと言った？」

↓「そのあとどうしたの？」

↓「やめてって言ったり、いろんなことをしてきたんだね」

虐待を受けてきた子どもの多くは状況を変えることなどできるわけがないと思いこんでいる。自分は何もできないという無力感に支配されている。でも、小さなことでもいろいろ状況を変えようとして試みてきた自分の力に気づかせる。

◆ステップ6　再び虐待されないためにできそうなことをどんなことでもよいので、すべて子どもといっしょに考える。

↓「ほかに君ができることを考えよう」

↓「やめて！って大きい声で言ってもいいんだよ」

↓「そこにいつまでもいないで、さっさと他の部屋に行ってしまってもいいね」

↓「どこか近くに逃げるところはある？　親戚の人は？」

↓「他に誰だったら相談できるかな？　おばあちゃんは？　養護の先生は？」

◆ステップ7　6で考えたことのうち、何を実行できそうか、子どもと話し合う。

虐待をストップすることは可能なのだ、もう二度と同じことをされなくてもいいのだということを少しでも感じてもらい、無力感を軽減することを意図する。

◆ステップ8　やれるかなと子どもが思ったことを、ロールプレイをするなどして練習してみる。→「どんな風に先生に相談できるか、ちょっとやってみようか。わたしが先生になるから、あなたが今相談しようと思って、授業の後来たところ。なんて言う？」

話を切り出す場面だけを想定して練習させる。

「おばあちゃんにならら相談できるのね。それじゃ、おばあちゃんにどう話すか練習してみようか。私がおばあちゃんになるからね。ここはおばあちゃんの部屋。何時ごろが一番話しやすい時間かな？　きみは戸を開けて部屋に入ったところ。さあなんて言おうか」

ロールプレイは、長くしないことがコツ。子どもが「おばあちゃんになら、言えるかもしれない」と思えればよいのだから。

「叔父さんがまたあなたの部屋に夜中に入ってきたら、そのときはどうしようか。前みたいにじっとして、我慢する？　あなたが部屋から飛び出したらどうだろう。ちょっと怖いけれど大きな声で『やめて』と言うのはどうだろう。叔父さんびっくりして逃げていってしまうかもしれないよ。わたしが叔父さんだとしたら、なんて言う？」

「お母さんに話して逆に怒られてしまったのなら、他に誰か話せる人はいない？」と、対処の方法の中には必ず誰か身近な大人に相談することをふくめて教える。一度話して取り合ってもらえなかったら、最後まで話を聞いてくれる人に出会うまで話し続ける、それはとても大変で勇気がいることだけれど、虐待を止めるには一番効果があることだと伝える。

＊虐待を疑った場合は、児童相談所などに通告する。

通告に必要なことは虐待の疑いだけで、虐待の証拠はいらない。通告とは、「虐待されているかもしれないと思う子どもがいるので、心配なので調べてみてください」と行政機関に依頼することである。

学校、保育所、その他の子どもに関わる団体は、子どもから直接話を聴いた職員が一人で抱え込まないように、虐待の疑いがあったときに組織としてどう対応するかの危機管理体制を作っておく必要がある。通告することで子どもがさらに虐待を受けることになったり、監禁、逼走につながらないように充分な配慮をする。親からの虐待が疑われるケースの場合は、学校や保育所が保護者へ直接連絡しないことが肝心である。専門機関による事実確認の初期面接の前に保護者に連絡が行ってしまうと、保護者は子どもにプレッシャーをかけて、子どもは虐待の事実を否定したり、話の内容を大きく変えてしまうことがある。

＊親への対応は通告先の児童相談所に任せる。その際、児童相談所は、関わりの最初から、家族または拡大家族の中で子どもを信じてくれる人は誰か、その人をまわりがどのように支えることができるかを考えることが重要である。性的虐待をしていない親が子どもの味方になるか否かは、その後の子どもの回復に決定的な役割を果たす。

＊父親が子どもの性虐待加害者の場合は、母親も加害者から性的、身体的、あるいは心理的暴力を受けていないかのアセスメントが必要である。

してはいけないこと

＊できない約束を子どもにしない。子どもが「これ、誰にも言わないで」と言ってきたら安易に「うん言わないよ」とは対応できない。「誰にも言わないですむことだったらもちろん言わないよ。でも言わないとあなたがまた被害を受けるのだとしたら、助けてくれる人たちだけには相談しないといけないんだ」と誰にも言わないとの約束はできないことを伝える。それゆえに子どもが口をつぐんでしまっても、子どもに嘘をつくよりはましだ。

子どもの虐待とは大人への信頼の裏切りである。被虐待児はすでに大人から裏切られてきた。あなたにとって些細と思える嘘も、被虐待児にとっては心の傷をいっそう深める大人の裏切り行為となる。
＊子どもを暗に責めるような質問はしない。
↓「なぜそこへ行ったの？」
↓「なぜはっきりいやだって言わなかったの？」
↓「お父さんを怒らせるような悪いことを何かしたの？」
＊「どうして？」「なぜ？」で始まる質問は避ける。子どもは、自分が責められているように受け止めて、それ以上気持ちを語らなくなってしまいがちだ。
＊「はい」「いいえ」で答えられる質問はなるべく避ける。子どもの言葉を誘導する結果にならない質問をしなければならない。
↓「おじさんはあなたの胸に触ったの？」ではなく、

「誰がどこを触ったの？」
＊どんな虐待があったのかを詳しく聴かない。聴くのは一度だけ。
虐待を受けた子どもは、最初に打ち明けた後も、通告、介入のプロセスの中で何度も身に起こったことを話さなければならない。そのたびに心理的苦痛を経験する。その負担を少しでも軽くするためにも、ここでは虐待の疑いを裏付けるだけの情報があれば充分だ。

この時点で必要以上に子どもから情報収集するのは、ケースが裁判に持ち込まれた場合、子どもに「虐待を受けたというありもしない考えを植えつけた」と嫌疑をかけられることもある。とりわけ性的虐待は、物的証拠や身体的傷痕がない場合がほとんどなので、裁判では、子どもの言葉を信じるか、加害を疑われている大人の側の言葉を信じるかの対決になる。子どもの言葉を誘導したといった弁論に対抗するためにも大切な留意点である。また何度も聴かれることで子どもの記憶にズレが生じてしまうこともある。

＊今日の日本の制度の中では、性的虐待が起きていることがわかっていても対応できないことがしばしばである。特に加害者が保護者の場合、加害者に退去命令を出すことができず、たいていの場合逮捕することもできず、被害者である子どもが家を出なければならない。学校や友人から離れて、知らない場所で暮らすことは、子どもにとって大きなストレスになる。（以上前掲書からの要約引用）

「性的虐待順応症候群」を再び

以上の子どもの話を聴くステップをする前に、性的虐待被害を受けた子どもの心理についての知識や理論を知っていることが不可欠です。その一つ、「性的虐待順応症候群」は一九八〇年代にアメリカでこの分野で働いた支援者にとって重要な基礎的知識でした。性的虐待裁判で加害者の無罪判決が続いた日本の昨今の状況を考えるとき、改めてこの知見を日本の現場の人々が共有する必要性を感じていますので、ここに拙著から直接引用します。

「米国の精神科医ローランド・サミットは一九八三年に「性的虐待順応症候群」を発表して、その後の性的虐待ケースの裁判に大きな影響をあたえた。（Roland C. Summit, MD, "The Child Sexual Abuse Accommodation Syndrome", *Child Abuse & Neglect*, Vo.7, 1983)。

サミットの言う「性的虐待順応症候群」とは性的虐待を受けた子どもたちの自然な心理状態を意味する。それは病理症状ではなく、性的虐待に対する被害者のノーマルな心理反応であると認識しておくことが、この理論を理解するポイントになる。症候群は次の五つのカテゴリーに分類される。

（1）性的虐待の事実を秘密にしようとする。
（2）自分は無力で状況を変えることはできないと思っている。
（3）加害者を含めたまわりの大人の期待・要請に合わせよう、順応しようとする。
（4）暴行を受けたことを認めたがらない。または事実関係が矛盾した証言をする。
（5）暴行されたと認めたあとでその事実を取り消す。

性的虐待を受けた子どもたちがこの五つの典型的な反応パターンをとるその心理的動機として、サミットはいくつものことに言及しているが、次の三点に要約できる。①自分が悪かったと思いこんでいる罪悪感、②加害者や家族が自分のことで困った立場に立たされることへの不安、③そして性的虐待が実証されてしまったら自分の身はどうなるのだろうという恐れ。

一九八九年にわたしはサミットとの会合で、彼がこの論文を発表するに至った動機を聞く機会があった。彼は次のように述べた。

子どもの性的虐待の裁判に、専門家として証言することの多かった彼は、被害を受けた子どもの証言が、裁判官や陪審員から信じてもらえず、結果として加害者は無罪になり、子どもは二重三重の裏切りを大人たちから受けるというケースを繰り返し目にしてきた。

サミットは裁判に関わる大人たちを教育する必要を痛感し、この論文でなぜ性的虐待の被害児たちは嘘を言っているようにとられるのかを解き明かした。」(『子どもへの性的虐待』一五〜一六頁) 本書二五九頁も参照のこと。

3、性加害する子どもの回復「ＭＹ ＴＲＥＥ ジュニア・くすのきプログラム」

子どもの性被害の加害者の半分が子ども

二〇一九年四月に厚生労働省は、児童養護施設などに預けられている子ども間の性的な問題に関する初調査を発表しました。児童養護施設や児童心理治療施設などの児童福祉諸施設および、児童相談所の一時保護所、里親などで二〇一七年の一年間に起きた子ども同士の性問題は七三二件（当事者の子どもは一三七一人）でした。

児童福祉施設における子ども間の性的行動への対応は、長年にわたって現場の大きな懸念事項で、私が実施する研修には二〇年前から対応のノウハウを求めて各地から施設の職員が参加されていました。

私は児童養護施設や児童心理治療施設などの職員や医師からの相談を受けて、施設内で子ども同士の性問題を起こしたケースへの対応に関わってきました。その際、被害を受けた子どもの心のケアは提供されても、加害の子どもへの回復ケアがされないままになっている現状に、大きな危機感を持ちました。

子どもに性暴力をする加害者の約半分が、子どもであるという統計的事実は注目されてきませんでした。しかし、子どもへの性加害者の四〇〜六〇％が一八歳以下の男子であることを示す調査が一九八〇年代から、米国ではいくつも報告されています。成人の性犯罪者の五〇％が最初の加害行動を一〇代で始めているという調査報告もあります。(G.G. Able, 1984)

また青少年の性加害者は一生の間に、平均して三八〇人の被害者を作り出す可能性があるとの調査報告もあります。(Abel, G.G. *The Outcome of Assessment Treatment at the Sexual Behavior Clinic and its Relevance to the Need for Treatment Programs for Adolescent Sex Offenders in New York State* Albany NY 1984)

ということは、一人の性暴力加害者がその加害行動をし始めたばかりの時に、特に子ども、ティーンの時にストップすることができれば、三八〇人の被害者を生み出すことを予防できるわけです。費用対効果はきわめて高いです。

児童養護施設などの心理士やケアワーカーが生活の中で、子どもの回復ケアをできるようにする必要性と緊急性を感じ、二〇一七年に新しいプログラムを開発しました。「ＭＹ ＴＲＥＥ　ジュニア・くすのきプログラム：性暴力加害子ども・ティーンズの回復」で、一七回セッションのワークブックを一対一でやります。

過去二〇年間、各地の児童相談所などで実施してきた「MY TREE　ペアレンツ・プログラム」（虐待に至ってしまった親の回復プログラム）と同じように、ソマティックなアプローチを重視し、毎日五分間の瞑想による扁桃体トレーニングをすることは、MY TREEジュニア・くすのきプログラムの柱の一つです。

瞑想が何やらあやしい宗教だという偏見を持つティーンもいるので、人気漫画のタイトルやキャラクターを拝借した「ドラゴンボール元気玉瞑想」と「トトロ瞑想」を使って瞑想に親和感を持ってもらいます。瞑想・マインドフルネスを活用する第三波行動療法をベースにした子どもの性加害行動からの回復プログラムです。

同時に開発した「MY TREE　ジュニア・さくらプログラム：暴力被害を受けた子どもの回復」は一一回セッションで、こちらのほうは性暴力には特化していません。

加害からの回復は被害のケアから

性暴力の被害、加害の子どもが、感情調整力を高めるマインドフル瞑想脳トレーニングを続ける一方で、チェーンアナリシス連鎖行動分析、性暴力行動サイクル、怒りの仮面といったいくつものツールを使って自分の内面を見つめ、自分の本当の感情を言語化し、可視化します。自分の行動のパターンを理解し、行動選択をする生き方を学びます。最後には勇者のストーリー作りをして、自分の過去と現在と未来を考えます。

暴力加害者の回復は、その人の過去の傷つき体験を癒すことから始まります。性加害をする子が、必ずしも過去に性被害を受けているわけではありません。しかしなんらかの傷つき体験（いじめ、体罰、ネグレクト、面前ＤＶなど）が根っこにあるので、そこから出発します。加害からの回復は被害体験から生じた傷つきへの丁寧なケアからしか生まれません。

施設や学校で子どもの性加害が見つかると、加害の子どもに反省文を書かせる先生が多いです。しかし反省文は書かせないでください。反省文は外に向かって謝罪を言葉にするものなので、自分の内面に正直に向き合うことをさせません。性加害行動からの回復のために最も大切なことは、他の人に対してよりも、まずは自分に正直になり、自分の内側を見つめる作業です。これはあらゆる回復セラピーの基本です。

反省文を書かせられたティーンは、自分に対して正直になることができなくなってしまいます。

このプログラムでは、反省文ではなく、怒りの仮面マインドマップ作りをします。

怒りの仮面

「怒りの仮面」の図は、小学生にも効果を発揮します。「怒りの仮面」の図を使いながら、仮面の裏の気持ちや過去の出来事を言語化し、それを感じることから、回復のセラピーが始まります。

「怒りの仮面」は自傷や他者攻撃や癇癪を減らすことに役立つツールです。二〇〇一年にＭＹ ＴＲＥＥ ペアレンツ・プログラムのために作ったのですが、私の研修に来られる教師、心理士、保育士さんなどはそれぞれの仕事の場で大いに活用されています。

子どもの問題行動は、しばしば過去のトラウマとなった傷つき体験から生じています。

次頁の図を見てください。心や身体が深く傷つけられる体験をしたのに、その時の気持ちを誰にも話せず、話しても共感してもらえなかった人は、悲しくて、悔しくて、怖くて、不安で、泣きたいような感情を、攻撃行動という怒りの仮面の裏に抑圧しています。この仮面は二次感情としての怒りと呼ばれています。そのことを暴力の被害者、加害者の相談を受ける中で何度も経験してきました。その時の攻撃行動は自傷、自殺企図、酒や薬物や食べ物依存などの自分攻撃か、暴言暴力、性暴力などの他者攻撃です。

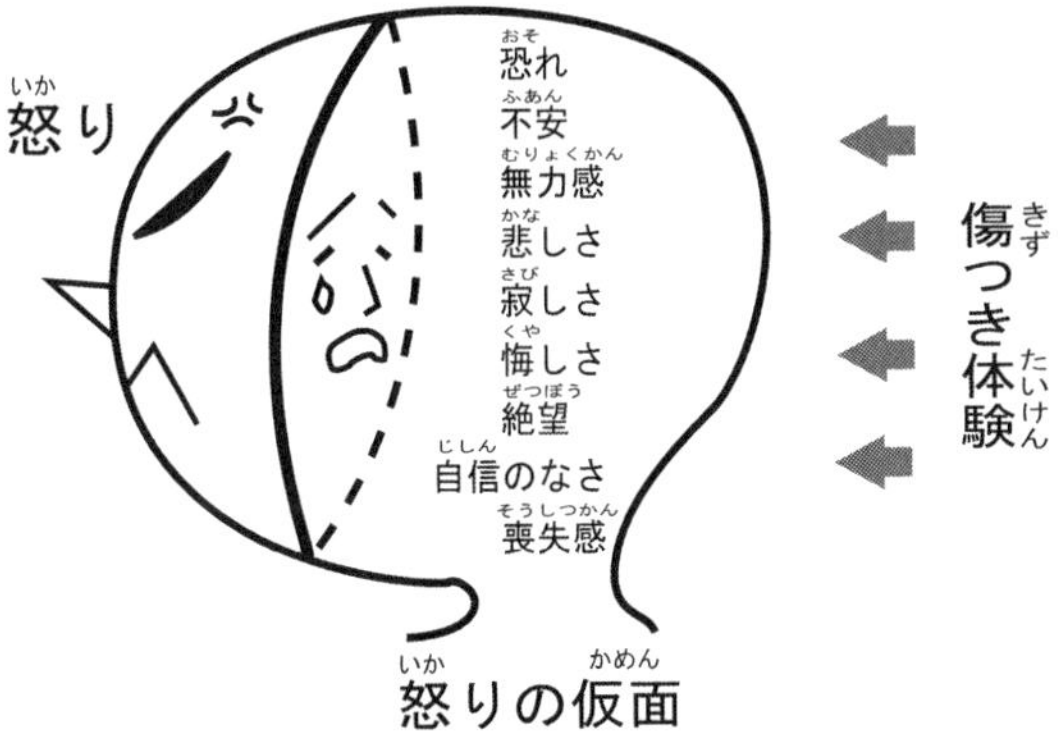

森田ゆり編著『虐待・親にもケアを』（築地書館）より

施設の中で性加害を年下の子にした一〇歳の子は、「その時、怒りの仮面の裏の気持ちはなんだった？」と仮面の図を見せながら私がした質問に、「悔しさ」と答えました。

森田「何があったから悔しい気持ちになったのかな？」

子ども「自分より小さい子が、自分にはできないことをひけらかしていたので悔しくて、腹が立った」

その子が年下の子どもたちに支配的な関係を作りたがる傾向は生活の中でしばしば見られましたが、性問題においても加害行動の根には支配欲求があったのです。さらにその子は怒りの仮面の裏側では、親のセックスを見た驚きと嫌悪の感情を思い出していたと語りました。また年下の子のパンツを脱がしたくなるときは、いつも親のセックスシーンが頭に浮かんでいるとも言いました。夜眠れないときも、そのシーンを思い出してしまうとも。

そのことをセラピーの中で初めて口にして、認めてもらえたことで、その子は親のセックスシーンの記憶に悩まされることが少なくなりました。


一一歳の子は、同室の子のパンツを下ろして性器に触ろうとしたところを職員に見つかり止められました。その子は私が施設で教えているヨーガクラスの生徒で、一八回ヨーガクラスの第一回目にする「気持ちのワークショップ」をする中で、義父から暴力を受けていたことを絵にしました。

八つ切り画用紙いっぱいに、膨れ上がった腕の巨大な男がナイフを持って仁王立ちしています。その画用紙の隅のほうに豆粒のように小さな子が「ごめんなさい。だって」と言って泣いている絵でした。

「これはどんな気持ちを描いたの？」と聞くと「毎日殴られていた」と言いました。

実際にはナイフを持ち出したわけではなかったのですが、その子には、暴力をふるう父親の異様に肥大した手は、ナイフを持っているかのように怖かったのです。彼が施設に来たのは二年前でした。二年以上もの間、彼は、その恐怖を誰にも言わずに自分の中に押し込めてきたのでした。

被害体験がもたらした仮面の裏側の感情と認知に丁寧に向き合っていきます。

「くすのきプログラム」の回復セラピーをする中で、義父からの性暴力についても語り始めました。

「あなたが悪かったのではないんだよ」と言葉かけをしても、

「僕はいけない子だよ」「僕は自分が大嫌い」と頑なに自分を責めます。

三五日間の「めいそう（へんとう体トレーニング）」シートを使って、施設職員に声をかけてもらい毎日五分間の瞑想を欠かさず続けてきたことで、集中力が高まり、学校のテストの点まで上がりました。

ＭＹ　ＴＲＥＥジュニアプログラムの詳細については『体罰と戦争』（森田ゆり著、かもがわ出版、二〇一九年）第二章を参照して下さい。

4、「小児性愛」という訳語は死語に

「性愛」ではなく「暴力」

ペドファイル（pedophile）とは、日本語では「小児性愛者」と訳されている精神医学用語の診断名である。この訳語は新しい言葉に書き換えなければならないと思う。（中略）彼らの行為には「愛」も「性愛」もない。あるのは「暴力」であり「性的虐待」である。

という書き出しで、かつて拙著『子どもへの性的虐待』に「小児性愛という欺瞞」という章を設けて論じました。

二〇一三年に米国のＡＰＡ（American Psychiatric Association）が発行するＤＳＭ－5（Diagnostic and Statistical Manual of Mental Disorders-5）が出版され、日本精神神経学会がその翻訳語のガイドラインを二〇一四年に出しています。残念なことにそのガイドラインでは、「Pedophilic Disorder」を「小児性愛障害」と従来とほぼ同様の訳語を当てており、変更がなされていません。他のパラフィリア（性的偏執症）に関しては、「パラフィリア」と英語をカタカナにして訳語としているのに、なぜペドフィリアとカタカナ

を使わずに小児性愛という日本語にしたのでしょう。

このことは単に訳語の好みの問題ではなく、子どもへの性暴力をなくすための重要なポイントであることを、前掲書では指摘しました。このテーマに関わるスタンスをどこに置くのか、誰の視点に立つのか、加害者の視点に立つのか、被害者に寄り添うのかの問題です。

四〇年近く性暴力被害者の支援やセラピーに携わってきて、この用語が多くの日本の性暴力被害者を深く傷つけてきたことを痛感してきました。

Pedophilia の pedo ペドは小児という意味。philia フィリアとは偏執という意味です。日本精神神経学会の翻訳ガイドにはない用語ですが、necrophilia は、死体（necro）偏執（philia）とは言っても死体性愛とは普通は訳しません。zoophilia は動物偏執で、動物性愛とは訳しません。ならば、なぜ pedophilia を小児性愛と訳すのでしょうか。

「小児性愛障害者」ではなく、「小児性虐待者」または「小児性加害者」などの訳語こそがペドファイルの真の姿です。

過去一〇年以上、「小児性愛」の翻訳語はやめてほしいと書いたり、言ったりしてきましたが、精神医療分野の人たちに主張してもらわないと変化は起きないようです。

ずいぶん前に、ある月刊誌から子どもの性暴力被害について原稿を頼まれたのですが、目次を見ると「小児性愛」という特集タイトルでした。そのタイトルは変えてほしいと編集長に申し出たのですが、精神医療用語なので変えられないと断られ、それならということで、私も執筆を断りました。

ペドファイルは「小児性虐待者」だと認識する精神医療分野の人も最近は出てきましたがその方たちもＤＳＭ－５の日本語訳ガイドラインが「小児性愛障害」という訳語を使う限り、その言葉を使い続けて矛盾はないようです。

翻訳語「小児性愛」がもたらしている深刻な被害

ペドファイルとは、子どもを自らの性的欲求の対象にして加害行為を行う人々のことです。外見から彼らの特徴を見出すことは難しく、唯一の特徴は、その大半が男性だということです。結婚し家庭を持つ者もいれば独身者もいる。金持ちもいれば貧乏人もいる。多くは異性愛者ですが、女子だけを対象にする者、男子だけを対象にする者、どちらも対象にする者もいます。子どもと同時に大人も対象にする者も少なくありません。一人のペドファイルが一〇〇人、二〇〇人、時には五〇〇人もの被害者を出すこともあります。

次に挙げるＡさん（当時三三歳）は、二〇年ほど前に私のセラピーを受けた方ですが、彼女の証言は、「小児性愛」という訳語がもたらしてきた害の深刻さを示しています。

子ども時代に路上で見知らぬ男から性的暴行を受けたAさんは、約二〇年間、そのトラウマに苦しめられてきました。彼女の両手は自傷の痕だらけでした。

押し倒され、性器に指を入れられ、「やめてください」と言う一〇歳のAさんに男は、「愛してる」「愛してる」と言いながら行為を続けたのです。

「愛してる」って？　この人はいったい何を言っているのだ。何でそんな言葉が出るのだ。「愛して」いたら、こんなことしない！　「愛」じゃない！　そう思った混乱をAさんは忘れることができません。

さまざまな心身の症状を呈しながらの苦しみの人生の中で彼女を呪縛し続けたのは、この「愛している」という言葉でした。彼女の回復はこの呪縛の封印を解くセラピーをしたことによって大きく進みました。

子どもに対する性的行為は、それが路上で起きようが、家庭内で起きようが、その行為が身体の外傷を伴うものであろうがなかろうが、また強要の言葉が「愛してる」の猫なで声であろうが、「やらせろ」の脅しの声であろうが、すべて性暴力です。

ちなみに日本の法律は、一三歳以上の子どもと大人の性行為を暴力とみなして禁じていません。一九九七年に米国から日本に仕事の場を移したばかりの頃、私が最も驚いたのが日本の法律のこの年齢の低さでした。今日でも法の変更はされていません。カリフォルニア州の法律では一八歳以下の子どもに対する性行為は、同意のあるなしにかかわらず、すべて性暴力とみなし犯罪です。

日本の電車通学の小、中、高校の学生が痴漢に遭う確率の高さは驚くべきものです。国外では「痴漢大国・日本」として知られています。

私が相談に乗った痴漢被害に遭った女子の何人もが、触られると同時に「愛している」と耳元でささやかれていました。愛という言葉を、汚らしさといやらしさと不快感として最初に体験してしまった子ども被害者たちは、健康なセクシュアリティや身体感覚を取り戻すために苦しみます。愛という人生で最も崇高で美しいはずの事柄を、被害を受けた子どもたちは汚染され混乱させられてしまうことに強い怒りを覚えずにはいられません。

ペドファイルは互いに尊重しあう大人同士の思いやりと愛をベースにした性関係を持つことができない人たちです。だから彼らは抵抗できない子どもをターゲットにして性という武器をもって相手の心と身体を支配し、それを「あんまりかわいかったから」「好きになってしまったから」「愛しているから」と自己合理化します。この自己合理化をやめない限り、彼らは更生回復の出発点に立つことすらできません。

三〇年前に子どもへの性的虐待を日本の社会に問う意図で翻訳出版した『誰にも言えなかった』（築地書館、一九九一年）の解説文に次のように書きました。

「リンゴの皮をむくためのナイフが加害者の意志ひとつで武器となるのとまったく同様に、親密さと愛を表現するためのペニスが加害者の意志ひとつで強姦という暴力の武器となる。ナイフとペニスという武器のあいだにどれだけの違いがあるでしょうか。（中略）

十三歳の少女ジャナが七歳のときの強姦体験を語ったものですが、（編集部注／同書に収録されている「娘」という文章）その最後をジャナは次のような衝撃的な、しかし性暴力の本質を鋭く突いた文で閉じています。

『そして私は今、少し大きくなりました。フレディが私にしたことの罪で牢屋に入れられればいいのに。そうじゃなかったら、ちゃんとした使い方も知らないペニスなんか切り取ってしまえばいいと思います。男たちがペニスを武器にして、あちこちで小さな少女たちを傷つけることが許されていいはずがありません』」

奈良市小一少女誘拐殺人事件の加害者

二〇〇四年一一月奈良市で起きた陰惨な小一少女誘拐殺人事件の加害者小林薫（当時三五歳）はペドファイルでした。逮捕された彼は「ロリータビデオの影響を受けた」と供述し、自宅マンションから児童ポルノビデオ、雑誌の類が多数押収されました。

小林も、近所の子どもを対象に性加害を遅くとも中学時代には始めていました。その性加害行動はやむことなく続き、一九八九年に大阪府箕面市で多発した少女への強制わいせつ事件の犯行（当時二〇歳）を逮捕後に次々と自供しました。その時の被害児は八人に及んでいました。このうちの三人の女子への強制わいせつおよび強制わいせつ致傷により、懲役三年に処せられ、一九九三〜九五年に服役しています。

さらに奈良少女誘拐殺人事件を起こす約二カ月前には、六歳と五歳の二人の女児に性加害行為を行っていました。

二〇〇六年九月、わいせつ誘拐、殺人、死体遺棄、死体損壊など八つの罪に問われた小林は、法廷でガッツポーズで死刑判決を歓迎しました。

私が傍聴した地裁の公判で、情状鑑定報告をした精神科医は、「子どもに性行為をすることがそんなに悪いことだとピンとこなかった」と言った小林の更生は、自分の罪を認められないがゆえに難しいだろうと言いました。明晰な情状鑑定でしたが、この鑑定者も「小児性愛者」との訳語を使っていました。

この用語の使用が、それでなくとも自己弁護に長けている性加害者に、自分のした行動の残酷さを感じさせない要因となっているのです。

この訳語を平気で使い続ける司法、マスコミ、医療の現場は、性暴力加害者に寛容で、被害者には厳しい日本の社会全体の意識を反映しています。

私はかつて前掲書の『誰にも言えなかった』で、「性的いたずら」とか「近親相姦」といった用語を死語にしようと呼びかけ、「性的いたずら」の代わりに「性的暴行」、「近親相姦」の代わりに「近親かん」の訳語の使用を提言しました。

ペドファイルの訳語についても、もっと多くの人々、とりわけ精神医療の方々の協力があれば、変えることができるはずです。「小児性愛」という訳語を無自覚に使うことが被害者、加害者に及ぼしている影響のおぞましさを知ってください。

ペドファイルも性の多様性？

これも一〇年以上前のことですが、ある公開講座で話をしたあと、一人の方が手を挙げて発言しました。

「子どもに性暴力をした人たちも、かわいそうですね」

「どういう意味でかわいそうなのですか」と私は聞きました。

「だって、子どもしか愛せない病気なんでしょ。小児性愛者って呼ばれていますから。愛を表現しようとして、逮捕されてしまうんですから」

暴力を「愛」と訳すから、こういう誤解が生じてしまうのです。

愛ではなく暴力。愛ではなく暴力。愛ではなく暴力なのです。

別の人がこう質問しました。

「同性愛者を異性を愛するように矯正できないのですから、小児性愛者を大人を愛するようには矯正できないですよね」

この質問に私は相当に腹が立ったのですが、なんとか冷静さを保って言いました。

「同性愛者とペドファイルを対比させることに無理があるんじゃないですか。同性愛とは同性同士のカップルの尊重と思いやりの愛をベースにした関係性のことです。でもペドフィリアには尊重も愛もなく、一方的な支配と暴力があるだけです。ペドファイルが自分の性的欲求の権利を主張することによって、子どもたちとその家族が安心して生きる人権が奪われます。子どもたちの健康な人生が奪われます。小児性愛という訳語は誤訳です」

同性愛やトランスジェンダーは精神疾患とされていました。一九五二年のDSM第一版では、同性愛は社会病質人格障害の章で性的逸脱、精神障害として記載されていました。

当事者たちからの批判を受けて、同性愛がDSMの精神疾患リストから完全に外されたのは、一九八七年のDSM－Ⅲ－R（第三版改訂版）以降です。

WHO（世界保健機関）も一九九〇年に同性愛をICD第一〇版の精神疾患リストから外しました。WHOが性同一性障害を精神障害のリストから削除を決定したのはつい昨年、二〇一九年でした。

小児性愛者たちも性的マイノリティであることで、偏見と差別を受けている、小児性愛は性の多様性の一つであると、本気で主張する人たちがいることを、前述の座談会で初めて知りました。とんでもないことです。しかし、実はその主張をする人たちは以前からいました。

「Parental Alienation Syndrome」（PAS：片親疎外症候群）を考案したことで知られる精神科医のリチャード・ガードナー（一九三一年～二〇〇三年）はその一人です。PASは子どもにした性的虐待が原因で離婚となり、共同監護権の争いの渦中にいたクライアントの依頼に応じて、ガードナーが提出した自費出版の論説でした。

ガードナーは子ども虐待の通告義務制度に反対したばかりでなく、嘘の虐待の訴えをされたと主張する人たちをサポートするプログラムに連邦予算を確保することを提言し、一貫して、冤罪を訴える父親たちを擁護する論陣を張り、死後の今日でも影響力を持っています。

ガードナーはまたペドフィリアは、それを勧めるわけではないが誰にでもある人間のセクシュアリティの一つの可能性であるとも公言し、ペドフィリアを性の多様性とみなしていたことでも知られています。

ちなみにPASは、ピアレビュー（査読）のない自費出版の論文なので、精神医学会や心理学会では、妥当性を認められていないにもかかわらず、米国のみならず世界の多くの国々で離婚後共同監護権の裁判所の判定、日本では家庭裁判所の面会交流原則実施政策の理論的根拠となっています。DVや子どもへの性的虐待が原因で離婚した母たちがその夫に親権をとられたり、日本では面会交流原則実施政策によって子どもが自分を虐待した父親に面会しなければならない事例が頻発しているのも、ガードナーのPAS片親疎外症候群の影響ゆえなのです（詳しくは『離婚後の子どもをどう守るか』梶村太市・長谷川京子・吉田容子編著、日本評論社、二〇二〇年の森田ゆり論文「米国の共同親権制度に翻弄される子供たちの怒り」を読んでください)。

既に述べたように、ペドファイルに共通することは、彼らの大半が男性であり、その五〜六割が性暴力行動を一〇代で始めていることです。彼らは、子どもを相手に性行為をするために、子どもに簡単にアクセスできるような職業や活動を選ぶことも多く、子どもの関心を引く話術に長けています。

彼らは子どもたちをだまし、脅し、手なずけ、はずかしめそして性行為を強います。その手なずけの巧妙な手口は、世界共通です。またその手口を共有しあう国際的なペドファイルの情報交換ネットワークは、インターネットの活用によって、急速に拡大しています。幼児期から児童ポルノに出させられてきて深刻なDIDを発症した日本の性暴力サバイバーの相談に二〇年前に乗ったことをきっかけに、児童ポルノ産業や児童性的搾取トラフィッキング組織の存在をリアルに垣間見るようになりました。ペドファイル組織とも交差するこれらの子どもとティーンを餌食にする者たちの財力と組織力の現実に、凍りつきます。

勢力を拡大するペドファイルたちに、自分たちは子どもを愛してやまないために社会から後ろ指さされるかわいそうな被害者と自認させる「小児性愛障害」という翻訳語の使用は今すぐやめましょう。

あとがき

あんたの言葉は私を撃つ
あんたの視線は私を切り裂く
あんたの憎しみは私を殺す
　でも、それでも、
　私は立ち上がる
　空気のように

レジリアンスという言葉を使うとき、おそらくアメリカで黒人女性詩人として最も著名なマヤ・アンジェロウのこの詩「それでも私は立ち上がる」をいつも思い浮かべます。私が米国で性暴力被害者の支援活動に初めて携わった一九七八年に、彼女はこの詩を発表し、アメリカ社会に大きな衝撃を与えたのでした。

レジリアンスとは抑圧を跳ね返す生命力のこと。黒人への抑圧、女性への抑圧、八歳でレイプされたことで起きた周りからの重圧に打ちのめされ、それでもサバイブし続けた自分を、彼女はこの詩にパワフルに歌いあげました（全体はもっと長い詩）。

この詩は、黒人や女性にとどまらず、社会の偏見と差別に晒され疎外された多くの人々の心に届き、今日に至るまで広く詠み続けられてきました。

前著『沈黙をやぶって』ではその疎外感の辛さを、宮沢賢治の詩「春と修羅」に託しました。

いかりのにがさまた青さ
四月の気層のひかりの底を
唾し　はぎしりゆききする
おれはひとりの修羅なのだ

それは異邦人の烙印を押された子どもがその烙印を人に見られないように終始気をはりつめながら生きていく辛さです。

本書のパートⅠの文書からは、サバイバーたちが体験した修羅の心のにがさがひしひしと伝わって来たことでしょう。しかし同時に五人の文書からは、その苦しみに翻弄されながらも、闇を凝視し光を求めて歩き続けることで抑圧を跳ね返してきたそこぢからを感じませんでしたか。

本書の読者一人一人が、性暴力被害の体験者であろうと、支援者であろうと、専門職であろうと、誰もが自分の内にあるレジリアンスに気づき、人生の困難を突き抜ける明るさに出会い、「おれはひとりの修羅なのだ」という詩の一行にみなぎる力を手にされることを願ってこの本は書かれました。

「それでも、私は立ち上がる　空気のように」を合言葉に、私たちはきっといつかどこかで出会えることでしょう。

パートIに寄稿してくださった五人のサバイバーの方たちひとりひとりの孤独な長い闘いゆえの成熟と、苦悩を突き抜けた明るさは日本のサバイバー運動三〇年の輝く貴重な宝です。

また寄稿してくださった三人のパートナーたちは、暴力を拒否する心優しい男性たちの暖かさを感じさせてくれました。ただし彼らのような良きパートナーが回復に必要不可欠だと筆者は考えていません。なぜなら回復とは最終的には自分との孤独な向き合いなしにはありえないからです。

長年の友人のアーティスト藤田佳子さんの縄文の女たちの力強さを抽出した大好きな作品群、今回も使わせていただきありがとうございます。

築地書館からは、本書を含めて私の性暴力に特化した五冊の著作のうち、四冊を出版していただきました。いつも変わらない丁寧な御配慮に心から感謝します。

二〇二〇年一二月　高槻にて

森田ゆり

参考文献

Damasio, Antonio R 1994 *Descartes' Error: Emotion, Reason, and the Human Brain*, Putnam; revised 2005 by Penguin

Damasio, Antonio R 1999 *The Feeling of What Happens: Body and Emotion in the Making of Consciousness*, Harcourt

Damasio, Antonio R 2003 *Looking for Spinoza: Joy, Sorrow, and the Feeling Brain*, Harcourt

Damasio, Antonio R 2018 *The Strange Order of Things: Life, Feeling, and the Making of Cultures*, Pantheon

Angelou, Maya 1970 *I Know Why the Caged Bird Sings*, Random House

Angelou, Maya 1978 *And Still I Rise*, Penguin Random House LLC.

V. Felitti,et al., *Relationship of Childhood Abuse and Household Dysfunction to Many of the Leading Cause of Death in Adults: The Adverse Childhood Experience（ACE）Study*, American Journal of Preventive Medicine 14, no.4（1998）http://acestudy.org/（二〇二〇年一一月一〇日最終閲覧）

Miller, Alison 2014 *Becoming Yourself: Overcoming Mind Control and Ritual Abuse*, KARNAC BOOKS London

Miller, Alison 2012 *Healing the Unimaginable: Treating Ritual Abuse and Mind Control*, KARNAC BOOKS London

Linehan,M.M. 1993b *Skills Training Mannual for Treating Borederline Personality Disorder*, Guilford Press

Linehan,M.M. 2014 *DBT Skills Training Handouts and Worksheets*, Guilford Publications

O' hanlon, Bill, & Martin, Michael 1992 *Solution-Oriented Hypnosis: An Ericksonian Approach*, W.W.Norton &Company（B・オハンロン&M・マーチン著　宮田敬一監修　津川秀夫訳　二〇一六『新装版 ミルトン・エリクソンの催眠療法入門』金剛出版）

O' hanlon, Bill 2009 *A Guide to Trance Land: A Practical Handbook of Ericksonian and Solution-Oriented Hypnosis*, W.W.Norton &Company（B・オハンロン著　上地明彦訳　二〇一一『解決指向催眠実践ガイド―本当の自分を生か

し、可能性をひらくための エリクソニアンアプローチ』金剛出版）

ベッセル・ヴァン・デア・コーク著　柴田裕之訳　二〇一六『身体はトラウマを記憶する』紀伊國屋書店

エレン・バス＋ルイーズ・ソーントン共編　森田ゆり訳　一九九一『誰にも言えなかった　子ども時代に性暴力を受けた女性たちの体験記』築地書館

＊本書には、筆者の以下の既刊書の中ですでに論じている内容を要約して記述、または部分引用している箇所がありますが、そのことを本書の本文で全ては明記していません。

森田ゆり　二〇〇八『子どもへの性的虐待』岩波書店

森田ゆり　一九九二『沈黙をやぶって　子ども時代に性暴力を受けた女性たちの証言＋心を癒す教本』築地書館

森田ゆり　二〇〇二『癒しのエンパワメント　性虐待からの回復ガイド』築地書館

森田ゆり　二〇〇四『岩波ブックレット　新・子どもの虐待　生きる力が侵されるとき』岩波書店

森田ゆり　一九九八『エンパワメントと人権　こころの力のみなもとへ』解放出版社

森田ゆり　二〇〇八『虐待・親にもケアを』築地書館

森田ゆり　二〇一九『体罰と戦争　人類のふたつの不名誉な伝統』かもがわ出版

森田ゆり　二〇一八『MY TREE Jr・くすのきプログラム　性暴力加害ティーンの回復』エンパワメント・センター

森田ゆり　二〇一八『MY TREE Jr・さくらプログラム　暴力被害を受けた子どもの回復』エンパワメント・センター

森田ゆり　二〇一八『ALOHA《アロハ》・KIDS《キッズ》・YOGA《ヨーガ》™』エンパワメントの道具箱・小冊子シリーズ3　エンパワメント・センター

森田ゆり　二〇〇七『怒りの仮面　傷ついた心の上に』エンパワメントの道具箱・小冊子シリーズ2　エンパワメン

ト・センター
森田ゆり　二〇〇七『心の応急手当　子どもの虐待をなくすためにあなたのできる大切なこと』エンパワメントの道具箱・小冊子シリーズ1　エンパワメント・センター
森田ゆり　一九九四『子どもに会う　体験的子ども論』アドバンテージサーバー
森田ゆり　一九九五『岩波ブックレット　子どもの虐待　その権利が侵されるとき』岩波書店
森田ゆり　一九九九『子どもと暴力　子どもたちと語るために』岩波書店（二〇一一岩波現代文庫）
森田ゆり　二〇〇四『非暴力タンポポ作戦　ひきわけよう　あきらめない　つながろう』解放出版社
森田ゆり　二〇〇六『子どもが出会う犯罪と暴力　防犯対策の幻想』日本放送出版協会
森田ゆり　二〇〇三『エンパワメントとレジリアンシー　家族内の性的虐待のトラウマを癒す』日本家族心理学会編『家族カウンセリングの新展開』（家族心理学年報21）に収録
森田ゆり　二〇〇三『気もちの本』童話館出版
森田ゆり　一九九七『あなたが守る　あなたの心・あなたのからだ』童話館出版
森田ゆり　二〇〇六『MY TREE ペアレンツ・プログラム実践者養成講座テキスト第四版』MY TREE ペアレンツ・プログラムセンター
森田ゆり　二〇一七『怒りの仮面と扁桃体—海馬—前頭前野の脳回路』MY TREE ニュースレター　二〇一七夏号掲載

著者紹介：
森田ゆり
作家　エンパワメント・センター主宰

元カリフォルニア大学主任研究員、元立命館大学客員教授。
1981年からCalifornia CAP Training Center、1985年からカリフォルニア州社会福祉局子どもの虐待防止室のトレーナーとして勤務。1990年から8年間、カリフォルニア大学主任研究員「ダイバーシティ・トレーナー」として、多様性、人種差別、性差別など、人権問題の研修プログラムの開発と大学教職員への研修指導に当たる。参加型研修の方法論とスキルを開発し、Diversity Training Guideをカリフォルニア大学から出版（英語版は絶版。日本語版は『多様性ファシリテーション・ガイド』解放出版社）。

1997年日本でエンパワメント・センターを設立し、行政や企業の依頼で、多様性、人権問題、虐待、ＤＶ、性暴力、ヨーガ、マインドフルネス瞑想などをテーマに研修活動を続けている。アロハ・キッズ・ヨーガを主宰し、児童養護施設、児童心理治療施設などでヒーリング・ヨーガと瞑想を教えると同時にそのリーダーを養成。2016年度アメリカン・ヨーガ・アライアンス賞受賞。

虐待に至ってしまった親の回復プログラム「MY TREE ペアレンツ・プログラム」を2001年に開発。各地にその実践者を養成している。第57回保健文化賞受賞。
「MY TREE Jr くすのきプログラム：性暴力加害ティーンズの回復」「MY TREE Jr さくらプログラム：暴力被害子どもの回復」ワークブックを開発。瞑想訓練をともなう第三波行動療法の子どもの性加害の回復プログラムとして、その実践者研修を実施中。
1979年から今日まで、先住アメリカ・インディアンの人権回復運動を支援し、日本とインディアンとの交流に携わってきた。『聖なる魂―現代アメリカ・インディアン指導者デニス・バンクスは語る』（共著、朝日新聞社）で1988年度朝日ジャーナル・ノンフィクション大賞、『あなたが守る あなたの心・あなたのからだ』（童話館出版）で1998年度産経児童出版文化賞受賞。

主な著書『子どもと暴力』『子どもへの性的虐待』（以上、岩波書店）、『しつけと体罰』『気持ちの本』（以上、童話館出版）、『体罰と戦争』（かもがわ出版）、『虐待・親にもケアを』『沈黙をやぶって』『癒しのエンパワメント』『責任と癒し』（以上、築地書館）、『エンパワメントと人権』『非暴力タンポポ作戦』（以上、解放出版社）、その他日・英語著書・訳書多数。

エンパワメント・センター公式サイト http://empowerment-center.net/
Yuri Morita フェイスブック https://www.facebook.com/yuri.morita.315

トラウマと共に生きる
性暴力サバイバーと夫たち＋回復の最前線

2021年2月2日　初版発行

編著者	森田ゆり
発行者	土井二郎
発行所	築地書館株式会社 〒104-0045 東京都中央区築地7-4-4-201 TEL.03-3542-3731　FAX.03-3541-5799 http://www.tsukiji-shokan.co.jp/ 振替 00110-5-19057
印刷・製本	中央精版印刷株式会社
カバー、部扉図版	藤田佳子
装丁	秋山香代子

　ISBN978-4-8067-1612-9